改訂版

新入社員基礎講座

経営書院　編

この本は、社[illegible]ソンとして一人前になるための基礎のエッセ[illegible]とめたものです。基礎を正しく身につけておけば、これから先、いろいろな場面で慌てることはありませんし、予想外の出来事がおきても対応できます。また、もっと難しいことにチャレンジするときにも、比較的短時間でできるようになります。繰り返し実行し確認し、身につけてしまいましょう。そして、ときどき、自分の行動を振り返ってみましょう。さまざまな使い方ができるように、チャートやチェックリスト、イラスト、動画、巻末インデックスなどをつけましたので、ご活用ください。

経営書院

改訂版　新入社員基礎講座　目次

自社のことを知る

みなさんが入社した会社の概要、掲げている理念などについて調べて、書き込んでみましょう。

◆経営理念、社是、社訓など

◆求める人材像

＜会社概要＞

会社名（商号）：

創業（設立）：

資本金：

売上高：

事業概要：

従業員数：

本社所在地：
●電話　●FAX
●ホームページアドレス
●住所

支社・販売店、工場：

＜事業内容など＞

業種：

主要取扱商品：

協力会社など：

主な顧客など：

第 1 章

仕事の進め方の基本

仕事の進め方の基本は、一生モノの財産。確実に身につけておきましょう。

木之下 尚令（きのした ひさのり）
UT. マネジメント・オフィス 代表

プロフィール

大手家電量販店にて店舗マネージャー（店長）を歴任した後、2009年中小企業診断士事務所　UT. マネジメント・オフィスを設立し、現在に至る。主に中小企業の販路開拓、販売促進、顧客満足（CS）向上等のマーケティング支援、小売・流通業の経営戦略策定・オペレーション改善、人材育成など総合的な経営力向上の支援を手がける。中小企業診断士、一級販売士。著書に『イラスト顧客満足（CS）の心得』（経営書院　共著）他。

1 目的と目標を区別する

皆さんは、学生時代にどのようなことに一生懸命打ち込みましたか?サークルやクラブ活動、資格をとるための勉強、地域のボランティア活動、アルバイト…、いろいろなことにチャレンジしてきたのではないでしょうか。例えば、クラブ活動で陸上部に所属して早朝から暗くなるまで走り続けたという人もいるでしょうし、TOEICの高得点を目指してあらゆる学習方法を試したという人もいるでしょう。

では、なぜ、時間を惜しんでまで打ち込むのでしょうか。そこには、全国大会に出場して好タイムを記録したいとか海外留学をしたい、希望する会社に就職したい、などといったなんらかの目的や目標があるからではないでしょうか。仕事にも同じことがいえます。仕事にも必ずその目的や目標があります。

ここで、留意すべきは、目的と目標は違うということです。目的とは、自分が目指す最終ゴールであり、目標は目的を達成するために通る通過点であり道しるべといえます。

では、皆さんが、これから任される仕事の目的とは何でしょうか。言い換えれば、何を目指して、何のために仕事をしているのか、ということです。その答えは、人それぞれ違うでしょう。お金を稼ぐことが自分の目的であるという人もいるでしょうし、いろいろな技術や知識を身に付けることが目的だという人がいるかもしれません。ただ、一つ言えることは、自分の目的だけでなく会社が目指す目的を達成するために仕事をするのだということです。

なぜなら、皆さんがその会社という組織の一員である限り、それぞれの役割が与えられ、その役割を果たす責任があるからです。一人でも責任を果たせないとその会社の目的を達成することが困難になるだけでなく、他の人に負担がかかることになります。そして、会社の目的が達成されないことで会社の成長が止まると、皆さんへの給料の支払いができなくなったり最悪の場合、働く場が失われたりすることにもなりかねません。

皆さんの仕事の目的と会社の目指す目的が一致することで双方の成長が可能となるのです。

2 経営理念を確認する

皆さんの中には、就職活動において複数の会社で面接を受けた経験をお持ちの人もいることでしょう。そして、そこで必ずといっていいほど質問されるのが志望動機です。

それに対し「御社の経営理念に共感を覚えたからです」と答えられた人も多いのではないでしょうか。

自分の仕事の目的と会社の目的が一致すれば、自分も会社も成長できる

それでは、会社の経営理念とはいったい何なのでしょうか。

経営理念は、社長室や会議室などに額縁に入れられ掲示されていたりしますし、社員手帳などにも書かれていたり会社のホームページにも掲載されていたりします。また、会社によっては朝礼などで全社員が一堂に会し唱和するところもあります。このようにみてみると経営理念とは、会社にとってとても大切なものだということがよくわかります。まさしくそれは会社の信念であり、当社はこうあるべき、こうありたいという強い思いが描かれたものといえます。

言い換えれば、経営理念とは、会社の理想の姿、ビジョン、目指すべきゴールであり、これはまさに前で述べた会社が達成すべき目的そのものといえます。皆さんが、会社の経営理念に共感を覚えたというとき、その会社が目指そうとする理想のゴールに向かって自分も一緒に進んで行くという意思表示をしたということでもあります。そして、会社もそのような人材を求めています。

もう一度、会社の経営理念を振り返ってみましょう。そして、その意味を知り、会社が経営理念という目的を達成するために必要なことは何か、自分は何をするべきなのかを考えてみましょう。意味がわかりにくいようであれば、上司や先輩に尋ねてみるのもいいでしょう。経営理念の意味を知ることでこの会社で仕事をする意義、働くことの意味がみえてきます。

●経営理念の例（一部抜粋）

「内外の法およびその精神を遵守し、オープンでフェアな企業活動を通じて、国際社会から信頼される企業市民をめざす」（トヨタ自動車株式会社）

「産業人たるの本分に徹し　社会生活の改善と向上を図り　世界文化の進展に寄与せんことを期す（私たちの使命は、生産・販売活動を通じて社会生活の改善と向上を図り、世界文化の進展に寄与すること）」（パナソニックグループ）

3 仕事と作業の違い

往々にして「仕事」と「作業」は混同されがちですが、「仕事」は成果を生み出す行為であり「作業」は仕事を成しとげるための過程であり手段です。そして、よい「仕事」を成しとげ、成果を上げるためにはそこに至るまでの「作業」も重要です。単なる作業の範囲で留まる行為は、誰にでもできることであり、極端にいえば機械でもできてしまうのです。

「作業」の向うに「仕事」があり、優れた「作業」により優れた「仕事」が成し遂げられ、その結果、優れた「成果」が生み出されます。

有名な逸話をご紹介しましょう。

航空会社の経営者だったヤン・カールソンの名著『真実の瞬間』の中の一節です。

ある時、1人の旅人がバルセロナの有名な観光であるサグラダファミリアを訪れたときのことです。

ふと見ると、1人の石工が石を削っています。旅人は、その石工に「あなたは、なにをしているのですか」と尋ねました。するとその石工は迷惑そうな顔で腹立たしくこう言いました。

「見てわからないのか。このいまいましい石を削っているんだ！ 邪魔だからとっとと向うへ行ってくれ！」

旅人は、驚いてその場を離れて歩いていると、別の石工が同じように石を削っています。

旅人は、懲りずに同じ質問をしました。するとその石工は、実に晴れ晴れした表情で誇らしげに言いました。

「よくぞ聞いてくれました！ 私は今、世界で一番美しい大聖堂の基礎を作っているのです」

2人の石工は、そばで見ているとまったく同じ作業をしているように見えます。でも、1人目の石工はただ単にお金を稼ぐためにしかたなく石を削っているのに対し、2人目の石工は何のためにこの作業をしているのかという目的意識と誇りを持っていることがわかります。

仕事の目的意識と誇りを持てば、そこから生み出される成果をよりよいものにしようという創意と工夫が生まれます。

皆さんは、毎日単なる「作業」を繰り返していないでしょうか？

「作業」を繰り返すことで「仕事」をした気になっていないでしょうか？

もう一度、自らの仕事に対する考え方や捉え方を見つめなおしてみましょう。

仕事 上司の指示・命令の背景、相手の状況を配慮したうえで、上司の指示・命令を達成すること

作業 上司の指示・命令をそのまま行うこと

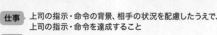

4 重要な計画と準備

　では、優れた成果を出し、会社や自分自身の目的を達成する「仕事」をするためには、どうすればよいのでしょうか。仕事や時間の整理・整頓をして優先順位をつけて取り組むことがとても重要です。皆さんが任される仕事の量は皆さんの成長とともにどんどん増えていきます。そのような中で、成果を出す仕事をするためには、仕事の計画と準備が大きな鍵を握ります。

　「段取り八分」という言葉があるように、仕事にとりかかる前にしっかりと準備をして仕事の手順を考えておくこと、つまりしっかりと計画を立てておくことでその仕事の八割は成功したも同然なのです。

仕事で重要なこと

- 仕事や時間の整理・整頓
- 優先順位をつけること
- 仕事の計画と準備（段取り八分）

　皆さんが、どこかへ旅行に出かけるときも目的地に予定どおりの時間に到着できるように列車の時刻や道路の経路を調べ、何時に出発すればよいか、途中でどの観光地へ立ち寄るかなどと計画を立てるのではないでしょうか。

　仕事も同じで、〈ゴール＝達成したい目的〉から逆算し、目的の達成に向けて何をすべきか、そのために何が必要なのかを考え計画を立てます。会社の目的である経営理念の達成・実現を目指し、年、月、週、日、時間ごとに会社全体の目標が設定されます。年レベルの計画は、中・長期の経営目標とも呼ばれ、大きな会社では株主総会や経営方針発表会などで対外的に公表される場合もあります。そしてその全社目標が個々の社員や部門別などに割り振られます。営業職なら売上高や訪問件数、成約率などであり、製造業であれば生産台数や不良率、作業時間などが目標となります。

　また、このように数値で測れる定量的な目標もあれば、笑顔でお客様に対応する、他部門の商品説明もできるようになる、ビジネスに必要な基本的な英会話を習得する、など数値で測れない定性的な目標もあります。

　これらの目標をいつまでにどのようにして達成するのかについて具体的に計画に落とし込んでいきます。これを行動計画といい、いつ、どこで、誰が、何を、なぜ、どのように、を軸に考え、そのために必要な準備をします（図表1）。

　もし、自分一人の力では計画が遂行できそうにないと判断された場合は、先輩や同僚にあらかじめ協力を求めることも必要でしょうし、これまでの顧客データや不良品の発生原因の分析データを集めておくことも必要かもしれません。

　また、実際に計画を実行していくと、計画どおりに進まないことも多々

図表1　経営理念に基づく全社計画から行動計画へ

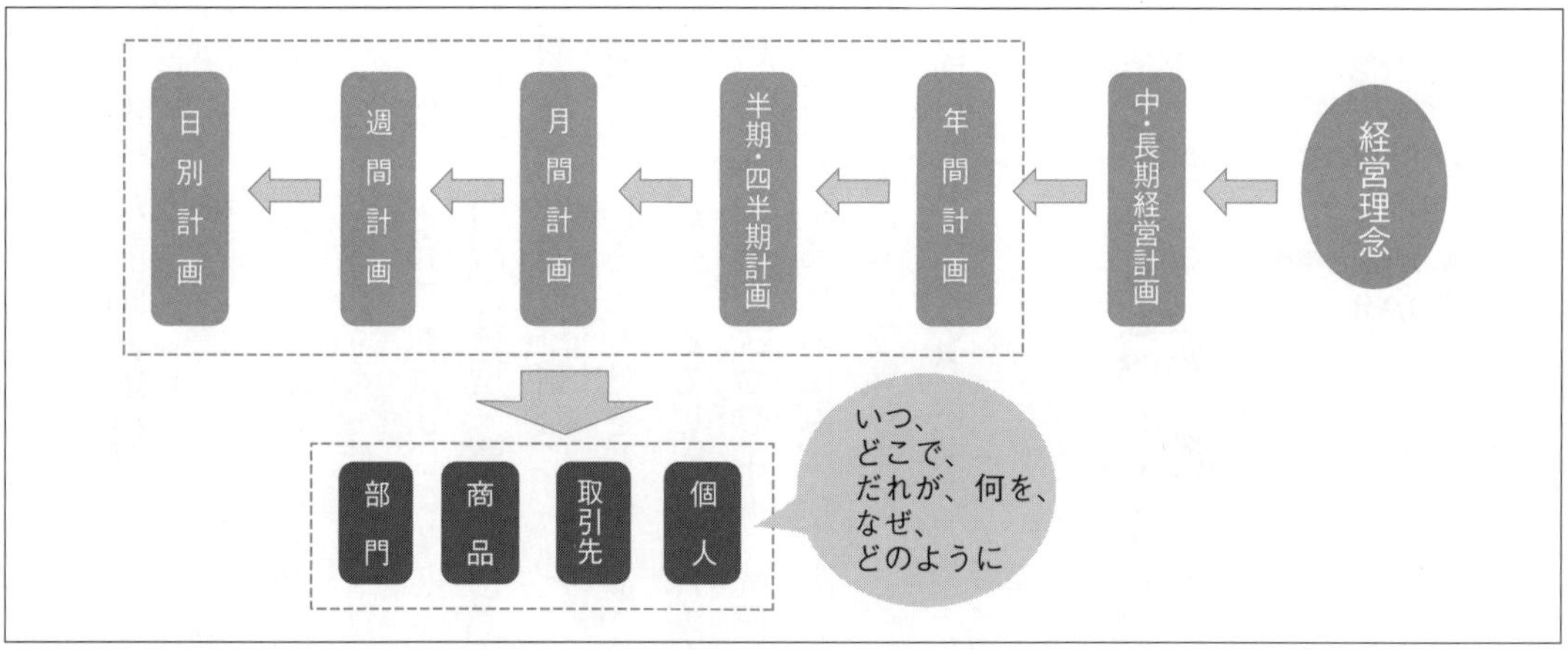

あります。

　事前の準備不足が原因の場合もあれば、自然現象や交通状況など不測の事態でうまくいかないことも少なくありません。例えば、得意先を1日5件訪問しようと計画していたのに、台風の影響で電車が大幅に遅れてしまい、2件しか訪問できなかったということがあるかもしれません。しかし、いくら不測の事態とはいえ、この遅れは、どこかで取り返さなくては計画を完遂することはできません。

　鉄道の線路には、暑さでレールが伸びて歪まないようにその継ぎ目には必ず数センチの隙間が設けられていて、この隙間のおかげで列車が安全に通過できるようになっています。このように、不測の事態の発生に備えて、仕事の計画にもどこかに余裕を設けておくことも仕事を上手に進めるためのひとつの方法です。

　このようにして、計画と準備が整って始めてその円滑な実行と目標・目的の達成の実現可能性が高くなります。

5　仕事の基本はP-D-C-A

　計画倒れという言葉があるように、どんなに立派な計画を立てても実行に移されなければ意味はありません。

　小学生の時に先生から夏休みの計画を立てなさいと言われ、立ててはみたものの遊ぶことが先になり、3日もしないうちに計画どおりできなくなって、8月ももう残り数日といった頃に慌ててたまった宿題をやり始めたという経験をお持ちの方も多いのではないでしょうか。

　子どもの頃は、計画どおりできなくてもなんとか取り返すことができたかもしれませんが、大人ではそれは許されません。ビジネスの世界ではなおさらです。

　社会人として成果を出す仕事を進めるための基本的な考え方として「P-D-C-Aサイクル」があります。P-D-C-Aサイクルという名称は、サイ

図表2　仕事の基本　P-D-C-Aサイクル

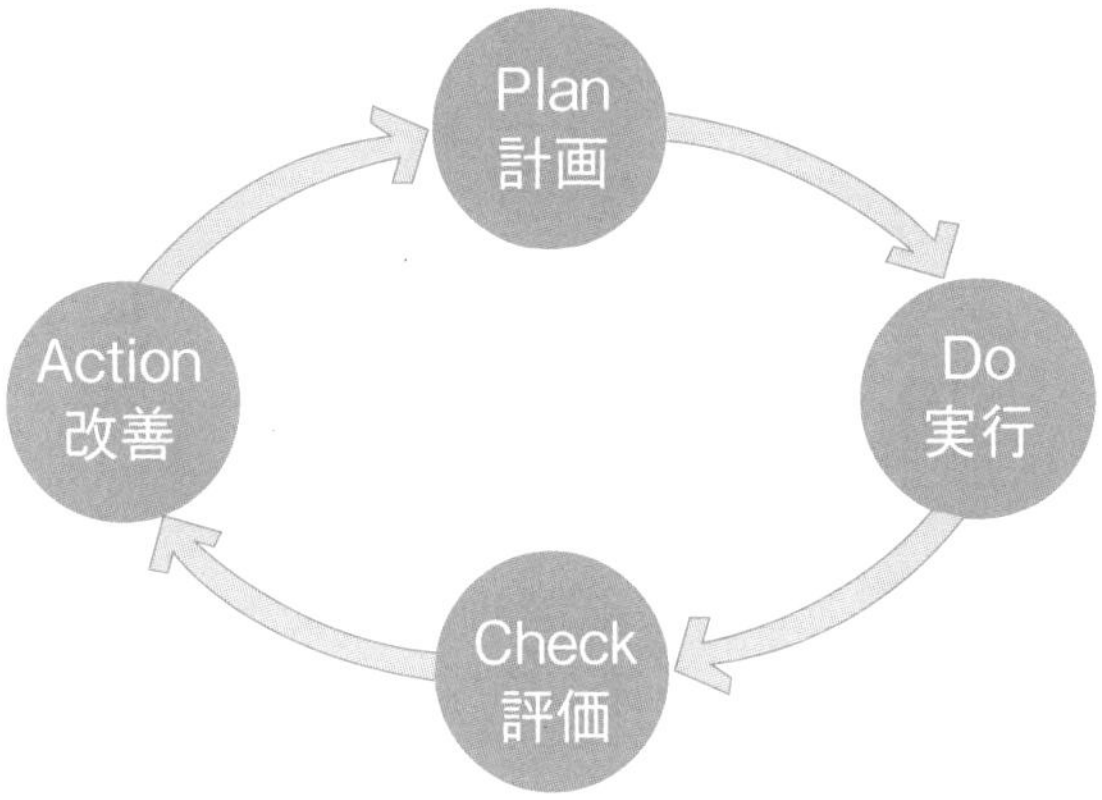

P：Plan（計画）　これまでの実績や将来の予測などをもとにして計画を作成する。

D：Do（実行）　計画に沿って業務を実施する。

C：Check（検証・評価）　業務の実施が計画に沿っているかどうかをチェックする。

A：Action（改善）　計画に沿っていない部分を調べて改善をする。

クルを構成する4つのステップの頭文字をつなげたものです。それぞれの意味は、図表2のとおりです。

実は、私たちは、ふだんの生活の中で気づかないうちにこのP-D-C-Aサイクルを回しています。④の旅行の計画がよい例です。旅行の計画を立て（P）、旅行に出かけ（D）、途中で今、どこにいるのか、あとどれくらいで目的地か、道は正しいかなどをチェックしながら（C）、目的地に向かいます。そして、もし、時間どおりにたどり着けなかったとか、旅館の応対や料理がいまひとつだったとかといった場合は、次回からは違うルートや旅館を探そうと努力します（A）。

ところが、仕事の中でこのサイクルを回し、常にレベルアップを目指していくことはとても難しいことでもあります。往々にして忙しさに翻弄され、しらずしらずに惰性で仕事してしまっていることも多いのです。そうならないために、皆さん自身がこのP-D-C-Aを常に意識して仕事に取り組むことが大切です。

新入社員のときは、先輩や上司から指示されるまま仕事をしていればよく、傍からあなたの仕事の進め方をチェックしてくれたり必要に応じてアドバイスをしてくれたりしますが、いずれは自分の力で計画を立て、仕事を進めていくときが訪れます。そのときに役立つのが、このP-D-C-Aサイクルの考え方です。

計画なくして実行なし、実行なくして評価なし、評価なくして改善はなく、成長もありません。

常に、P-D-C-Aサイクルを意識し、これに沿って仕事を進める習慣を身に付けましょう。

6 期限内に実行

　目的とそれに向かってクリアしていくべき目標が明らかになり、計画と準備が整ったらいよいよそれを実行していくことになりますが、そのための重要なポイントは時間管理とスケジュール管理です。なぜなら仕事には必ず期限が定められており、その期限が計画に落とし込まれているはずだからです。

　例えば、上司から、ある商品の販売促進企画の案を1週間で考えなさいと指示を受けたとします。あなたは、それを計画に落とし込み、そのための行動計画を立て実行していくことになりますが、途中で、どうしても良いアイデアが浮かばず、とうとう期限を過ぎてしまったとしたらどうでしょうか。期限どおりにあなたが企画案を出してくるのを待っている上司の期待を裏切ることになり、その時点で上司のあなたへの信頼は大きく揺らいでしまいます。次から、上司はあなたに仕事を任せてくれなくなるかもしれません。例え、良い案が浮かばなくても、期限は必ず守らなくてはなりません。もし、どうしても、期限を守れないのであれば事前に上司に報告や相談をするべきです。

　学生時代は、宿題やレポートの提出日が多少遅れたとしても、厳しい追求も叱責もなかったかもしれませんが、社会人になり、大切な仕事を任されるようになれば、期限を守ることを最優先に考えて仕事に取り組まなければなりません。

　「巧遅より拙速」という言葉がありますが、これは、うまくやろうとして行動が遅れるよりも、あまりよくないやり方であっても素早く行動を起こしたほうがよい結果を得ることができるという意味です。

　厳しいようですが、仕事ではどんなに優れたアイデアや提案も期限を過ぎればその評価はほとんどゼロになってしまいます。特に、経験の浅いうちは、スケジュールの立案と時間管理をしっかり行い、まずは期限を守ることを心がけましょう。そのうえで、どうしても期限が守れないと予測された場合は、必ず事前に上司に報告し、指示を仰ぐことが重要です。事前に報告するという行為があれば、例え期限が守れなくとも上司のあなたへの信頼は揺らぐことはないでしょう。

　そうして経験を積んでいくことで、定められた期限内に期待どおりの結果を出す力が養われていきます。

7 進捗状況をチェックする

不測の事態に備えて計画に余裕を持たせ、準備を完全に整えて仕事を始めたとしても、実際には、気づかないうちに計画から遅れてしまっているということもあります。

日々の業務の中で、時には、自分の本来の仕事ではないと思えるようなことを依頼され、思った以上に時間を費やしてしまい、気づけば今月もあと数日、どう頑張ってもその月の目標訪問件数をクリアできないといった事態にもなりかねません。

そのようなことにならないためにも定期的に必ず計画と実績を比較し、どれくらい遅れているのか、もしくは進んでいるのかを常に把握し、その時点での進捗状況をチェックし評価します。

日別の計画を立てているのであればその日の実績と計画とを比べ、今日は計画をクリアできたのか、できなかったのか、これまでのトータルで進捗度は何パーセントなのかなどを把握します。日別のみならず週間、月間、3ヵ月、半年というように定期的にその時点での評価を行います。そして、その結果をもとに次にどうしなければならないのかの対策を講じます。

さらに、ひとつの仕事が終了し、ゴールに到達したあとでもその結果が良かったのか、悪かったのかをしっかり検証する必要があります。

ここで重要なことは、結果だけに一喜一憂するのでなく、なぜこの結果になったのかという要因を追求し分析しなければならないということです。そして、その分析結果をもとにして次の年の改善策を考えていかなければなりません。今年度よりも次年度、さらにその次の年度というように計画をレベルアップしていきます。

思わしくない結果を良い結果に導くのも、良い結果をさらにレベルの高い結果へと導くのも、これまでの仕事にさらなる改善を加えていかなければ成長はありえません。そのためにはまず、結果の検証と分析がなによりも重要であり、それは、優れた成果を生み出す仕事の鍵を握っているといっても過言ではありません。

仕事完遂のポイント

- 定期的に自分の進捗状況をチェックする（日、週間、月、3カ月、半年）
- できていないときは対応策を考える
- 1つの仕事が終わったら、これまでの結果を検証する

8 失敗をしたら

どれだけ仕事に真剣に打ち込み、慎重に取り組んでいたとしても長い間には必ず失敗が付きまといます。早い段階で自ら気づき、取り返せる失敗であればよいのですが、自分だけでは対処できない失敗もあります。

例えば、あなたが上司から取引先A社に納品書を送るように指示されたにもかかわらず、宛先の確認を怠り、誤ってA社のライバルであるB社の納品書を送ってしまったとしたらどのようなことになるでしょうか。当然、納品書には商品の納入価格も記載されていることから、B社への納入価格がライバルのA社に知られてしまうことになります。とりわけライバル会社に自社の仕入原価が知られてしまうということは、B社にとっては今後の価格戦略や販売戦略にかかわる大きな問題となりかねません。対応いかんでは、あなたの会社の信頼を大きく損ねてしまう恐れがあります。

このような場合は、決して自分一人で対処しようとせず、まずは上司に事の経緯について報告し、相談しなければなりません。そのうえで、次の指示を仰ぎます。少なくとも新入社員のうちは、どんな小さな失敗と思えることであっても上司への報告は怠ってはなりません。「報告・連絡・相談」の実践です。仕事上での失敗は決して自分だけのものではないことを念頭に置いておきましょう。

失敗したときの対応

- まずは上司に報告、相談
- 失敗が解決したら、同じ失敗を繰り返さないように、今回の失敗を分析し、対応策を考える

そして、大切なのは、失敗が解決したらそれで良しとするのでなく、なぜ、そのような失敗をしたのか、何が原因だったのかを冷静に分析し、同じ失敗を繰り返さないために何が重要か、必要かを考えて対応策を具現化することです。記憶が新しい、できるだけ早い時期に振り返っておきましょう。頭の中で考えるだけでなく、次のような項目に整理し書き出しておくことが有効です。

・生じた事実と結果
・そこへ至るまでの経緯や過程
・事実と結果を生じさせた原因
・どのように対応し、その結果どうなったか
・今後の改善策

これは、まさしく、先述のP-D-C-AサイクルのCからAへのステップといえます。失敗は、皆さんが成長するための良き指導者であり、教科書です。

失敗と向き合い、それをよい教訓として改善を重ねていきましょう。

9 顧客志向を忘れない

入社後、研修期間や試用期間が過ぎると配属部署が決まります。そして、それが希望どおりの場合もあればそうでない場合もあります。しかし、どのような部署に配属になり、どのような仕事をすることになったとしてもひとつだけぶれてはならない視点があります。それは、顧客志向という視点です。顧客志向とは、簡単に言えば、「今、お客さまはどのような課題を抱え、何を必要としているのか」を考えて行動するということです。

優れた仕事の結果を生み出すには

顧客志向を持つこと

- 一般のお客さまの存在を忘れない
- 次工程のお客さま（上司、先輩、同僚）の存在を忘れない

皆さんが例えお客さまから遠い位置にある業務に就いたとしても、その先には必ず「お客さま」の存在があるということを忘れてはなりません。どのような課題を抱えたお客さまがどのような場面でこの製品を使い、その結果そのお客さまの暮らしはどう変わるのか、を考えることで自分がしている作業の目的が明確になります。

そして、もっとお客さまによい製品を使っていただきたい、さらによい生活を送っていただきたいと思うことで作業に創意と工夫、改善が生まれ、やがて作業は仕事へと変わります。これは、③で述べた2人めの石工の思いと共通します。

さらに、もう1人、皆さんの仕事の先には別のお客さまがいます。

それは、あなたの仕事が終わるのを待っている上司、先輩、同僚という社内の人たちです。

製造現場では、よく「次工程はお客さま」という言葉が使われますが、これは決して製造現場に限ったことではありません。多くの業務には必ず「次工程」があります。例えば、皆さんが上司から会議で使う資料の作成を依頼されたとき、その上司は、あなたが資料を作成してくれるのを待っている次工程のお客さまということになります。

あなたは、お客さまである上司がスムーズに会議を進行させることができるように、開始までに必要な部数をコピーしてクリップやホッチキスで綴じて、上司に一部を渡し、参加者のために机の上に並べておかなくてはなりません。頼まれただけだといってただ漫然と資料をコピーするのでなく、どのようにすれば見やすい資料となるのか、どのようにすれば上司がプレゼンテーションしやすい資料となるのかまでを考えて資料を作成することがまさしく顧客志向ということです。

仕事で優れた結果を生み出すには、どんなに単純で簡単に思えるようなことでも、常に顧客志向の視点を忘れずに取り組むことが大切です。

10 知恵や工夫を駆使する

「継続は力なり」という言葉をご存知の人も多いでしょう。これは、「何事も続けることはたいへん努力が必要であるが、地道に続けることでその積み重ねが力となる」という意味であり、皆さんの仕事にもあてはまります。

例えば、⑤で述べたように、P-D-C-Aサイクルを回して仕事することの大切さを理解し取り組もうとしても、そのうち多忙さや不測の業務に押し流され、いつの間にか惰性になってしまっていることも少なくありません。それでも、それを乗り越えて根気よく続けていけば、それはいつか大きな力と自信となって身につきます。

「やれることはすべてやる　それを毎日継続して行うのは一番苦しいことであり、とても大変なことである。でもそれさえちゃんとしていれば、結果が出てない時でも後悔せずに満足できる」

「夢や目標を達成するには一つしか方法がない。小さなことを積み重ねること」

これらは、大リーグで活躍したイチロー元プロ野球選手の言葉です。あのイチロー選手でさえ続けることは苦しいことだと言っています。

しかし、その困難を乗り越えてやるべきことをコツコツと重ねてきたからこそ、イチロー選手は偉業を成し遂げることができたのです。

続けることができない理由はいろいろありますが、そこでやめてしまうか、それでも続けて前へ進むかで結果が大きく違ってきます。仕事での失敗や挫折は必ずありますが、それは大きな問題ではなく、実は、やるべきこと、やると決めたことをコツコツ継続してできないことが問題なのです。

昨今、AI（人工知能）などに代表されるようにITのめざましい発展とその活用でさまざまな職業の自動化、機械化が進んでいます。

しかし、人工知能がどれだけ優れていたとしてもプログラムによる指示以上のことはできません。また、同じプログラムを組み込まれてしまえば違う個体であっても同じことしかできません。一方、人は、それぞれ違う能力や考え方を持ち、行動も千差万別です。ここに人の可能性があります。

人工知能や機械は作業はしますが、仕事はできません。なぜなら、仕事は知恵や工夫という人にしかない能力を駆使しないと成しえないからです。知恵や工夫する力を養うためには、目的と目標を持ち、それに向かって小さなことをコツコツと積み重ねることが最も大切なのです。

（きのした・ひさのり）

人間の仕事

- 仕事とは、知恵や工夫を駆使すること
- 知恵や工夫を駆使する力は、目的や目標に向かって、小さなことをコツコツと積み重ねることで養われる
- 継続は力なり

第2章

仕事の整理・整頓術

成果を出したいなら、
まず「もの」「時間」「頭の中」の整理・整頓。
ノウハウを紹介します。

❶ 5S活動は職場の基本
❷ 仕事の整理・整頓
❸「もの」の整理・整頓
❹「時間」の整理・整頓
❺「頭の中」の整理・整頓
❻ 発想力と実行力で成果に

塗茂 克也（ぬしも かつや）
千葉経済大学経済学部教授
ティースタイルコンサルティング代表

プロフィール

企業の経営企画部門にて経営計画の策定から現場改革までさまざまな業務を経験したのち、人事・組織戦略系コンサルタント会社取締役を経て、現職。専修大学大学院経営学研究科博士課程修了、博士（経営学）、中小企業診断士。大手から中堅・中小企業まで150社以上の経営課題の解決に人事・組織の活性化を通じて貢献。

図表1　まず身につけたい仕事の整理・整頓術

5S ▶19頁

- 整理《せいり》
- 整頓《せいとん》
- 清掃《せいそう》
- 清潔《せいけつ》
- 躾《しつけ》

❶ もの（書類、名刺、電子データ）

「捨てるルール」……………… ▶20頁

❷ 時間

20対80の法則 ……………… ▶22頁

緊急・重要マトリックス ……… ▶23頁

❸ 頭の中

「モレなく、ダブりなく」分析して考え、
「相手にわかりやすく、正確に」伝える。
…………………………………… ▶24頁

- ロジカルシンキング
- 5W1H
- 「なぜ、なぜ」
- ロジックツリー
- PPM分析
- 4P
- SWOT分析

日常の「関心」の
持ち方が大事！

発想力 ＋ 実行力

↓

成果

1　5S活動は職場の基本

皆さんは5S活動という言葉を知っていますか。

5S（ごえす）とは、主に製造業の職場環境維持改善で用いられるスローガンのことです。各職場において守るべき事項を5つにまとめたもので、一般的には、次の5つを指します。

5S

整理（せいり）―いらないものを捨てること

整頓（せいとん）―決められた物を決められた場所に置き、いつでも取り出せる状態にしておくこと

清掃（せいそう）―常に掃除をして、職場を清潔に保つこと

清潔（せいけつ）―前の3S（整理、整頓、清掃）を維持すること

躾（しつけ）―決められたルール・手順を正しく守る習慣をつけること

この5Sを徹底することで、職場環境が美化されるだけでなく、従業員の士気を向上させることがねらいです。さらに業務の効率化につながり、職場の安全性が増したり問題の早期発見といった効果も期待されます。

先述のように製造業でよく進められる活動ですが、どの業種・業態においても働きやすい職場環境にするうえでは基本となる考え方でもあります。

今回、新入社員の皆さんに特に注目してほしいのは、整理と整頓のことです。この2つを前記のように明確に分けて考えたことはあるでしょうか。

整理とは「いらないものを捨てる」ことですが、捨てる難しさは自分の部屋の衣服・雑貨・書籍などを見れば分かると思います。

また、整頓とは「いつでも取り出せる状態」でなければなりません。必要なものが、その時に限って見当たらないという経験は誰もが持っていると思います。

これまでのような学生生活であれば、部屋に衣服があふれていようが、読みたい書籍が見当たらず、探す時間をいくら使おうが勝手でした。特に他人に迷惑をかけることもなかったかもしれません。

ところが、組織で働く場合にはそうはいきません。組織とは共通の目的（ものを作る、売る、企画する、経理を行う、人事を管理するなど）を持って集まった集団です。その実現に向けてさまざまな人々が業務を分担しています。社内だけでなく、お客さまや取引先などの外部関係者までその関係は広がっています。

その構成員であるあなたが、整理・整頓ができないため「不要な書類であふれ、必要なものを探すのに時間をかけていたら」どうなるでしょうか。仕事の流れが悪くなり、渋滞して全体では大きなロスにつながることもあるのです。

これは、高速道路の渋滞のようなものです。たった一台の整備不良車のせいで何十キロもの渋滞を巻き起こすこ

とがあるということです。自分ひとりぐらいはと思わず、しっかり仕事の整理・整頓を身につけて下さい。

2 仕事の整理・整頓

仕事における整理・整頓には大きく分けて3つの考え方が大切です。

1つめは「もの」の整理・整頓です。例えば、書類や引き出しの中、名刺などが考えられます。

2つめは「時間」の整理・整頓です。どんどん仕事を任されていくようになれば、誰しも時間が足りないと感じます。

3つめは「頭の中」の整理・整頓です。人にわかりやすく物事を伝えたり、納得してもらうためには論理的な思考が必要です。

もちろん、仕事をするうえでは気配りや情熱があることが大前提ですが、今回の整理・整頓とは違う問題なので省略します。

では、「もの」、「時間」、「頭の中」の整理・整頓ができるとどういう効果があるのかを考えてみましょう。ビジネスの話なので顧客・コスト・個人の視点でとらえてみます。なお、顧客というのは自社内の他の部門も含めて広義に考えてみるとよいと思います。

〈顧客の視点〉

・問い合わせに迅速に応えられる
・気持ちにゆとりがあり丁寧に対応できる
・考える時間ができるのでよいアイデアが生まれる

〈コストの視点〉

・残業や休日出勤が減る
・オフィススペースの無駄が減る
・モレやダブリによる購入・廃棄コストが減る

〈個人の視点〉

・時間にゆとりができて趣味や学習などの時間が取れる
・書類紛失、手違いなどのミスが防げる
・周りや上司からの評価が高まる?

他にもたくさん考えられますが、仕事の整理・整頓が組織の業績やあなた個人の成長に結びつくことは間違いないでしょう。

3 「もの」の整理・整頓

仕事における「もの」の対象は、書類・名刺・電子データが中心となります。大切なことは「捨てるルール」を作ることです。「捨てるルール」をうまく決めることができれば、対象となるものの絶対量が減り、整理（実際に捨てる）も整頓（取り出せるようにしておくこと）もうまくできます。

この「捨てるルール」をうまく作れない理由は、「必要になった時に困る」という心理的な面と、「そもそも、捨てる権限がない」という組織マネジメント上の問題があります。後者については、法令上の保存義務などがある書類もありますが、ここでは前者に対する対応策を考えてみることとします。したがって、個人的に作成したり受領した書類・名刺・電子データが対象ということになります。

まず、紙の書類は、「2段階で捨てる」ことをお勧めします。仕掛かり中の仕事やいつも参照する書類などは、限られているはずです。私の場合は、担当しているクライアントへの提案書や受領した資料がそれに当たります。さらに、クライアントごとの書類の中でもよく使うものは限られてきます。

2段階とは、①よく使う書類を保管するスペース（机の引き出し・キャビネットなど）と、②あまり使わなくなった書類を保存するスペース（倉庫など）に分けるということです。

「そんなことは当たり前じゃないか」と思った方は周りをよく観察してみてください。一番手の届きやすい引き出しに何ヵ月も見ていない書類を大切にしまっていたり、キャビネットの一番手に取りやすい高さにホコリをかぶった箱が積まれていたりしませんか。

このように、使用頻度に応じて保管（手に取りやすさ優先）と、保存（収納力優先）を分けて考えることが必要です。保管スペースから保存スペースへの移動も捨てるということなのです。

この保管スペースから保存スペースへの移動であれば、心理的な抵抗も少ないのではないでしょうか。もちろん、その保存スペースでも、整頓（取り出せるようにしておくこと）は必要です。使用するようになれば、いつでも保管スペースへの復帰が可能でなければなりません。

次に電子データの整理・整頓、いわゆるPCやタブレットに保存されているファイルを適切に保管して整理しておく「ファイル管理」について考えてみましょう。PCやタブレットには、「検索が高速かつ容易でデータ格納に物理的な場所を必要としない」という特性があります。従って、紙媒体の書類保存とは大きく異なり、整理・整頓をこまめにする必要はほとんどありません。ファイル管理において効率よく仕事を進める上でのポイントをまとめましたので参考にして下さい。

ポイント①：フォルダ（ファイルを保存する場所）の作成方針を決める

具体的には、顧客別・製品別・プロジェクト別・年度別などが考えられますが、重要なポイントは「モレなく、ダブりなく」です（24頁参照）。自分の仕事の特性に合った「モレなく、ダブりなく」を考えてフォルダを作成してください。私の場合は、第一階層として自分の仕事を大きく「教育・研究・コンサルティング・事務・他（趣味など個人的なもの）」に分けたフォルダを作成し、その中を大まかな内容に分けています。フォルダを細かく分けて作成することはしていません。

ポイント②：ファイル名のルールを決める

ファイル名は、「A社_＊＊製品提案書_20240909」のような感じで、「顧客名（プロジェクト名）＋内容＋日付」で記載するのが分かりやすいのでお勧めです。また、各項目の全角・半角ルールも決めておくといいでしょう。

ポイント③：整理・整頓を目的にしない

几帳面に整理・整頓をしようと思

い、フォルダの階層を深くしてしどこの階層に保管したか分からなくなってしまうケースがみられます。また、仕事中にファイルの整理・整頓に多くの時間をかけることも本末転倒です。繰り返しになりますが、電子データの利点は「検索が高速かつ容易でデータ格納に物理的な場所を必要としない」です。先述のようにファイル名のルールさえ決めておけば、検索は容易であり、使用しない可能性のあるファイルの削除もあまり行う必要はないでしょう。

なお電子ファイルは、紙媒体よりもそこに含まれる情報量が圧倒的に多く、情報漏洩のリスクも各段に高いという特性があります。セキュリティ対策に関しては、専門性が高く企業ごとの方針があるので、自社の担当部署に確認してください。

4 「時間」の整理・整頓

仕事をする時間は限られています。しかも、相手の都合に合わせなければならない時間（交渉、会議など）や、とび込み仕事、電話や他人からの問い合せ対応など、自分がコントロールできる時間はさらに少なくなります。

そこで、時間を整理・整頓するうえで、重要なのは優先順位をつけるということです。具体的には2つあって、1つは20対80の法則、もう1つは緊急・重要マトリックスです。

まず、20対80の法則から仕事に優先順位をつけてみましょう。もともとはイタリアの経済学者パレートが発見したもので、「2割の者の所得が世の中の富の8割を占める」という考え方です。それを仕事に置き換えてみると、「付加価値の高い仕事20％で成果の80％が決まる」ということになります。

営業マンの例で考えてみると図表2のようになるでしょう。一日8時間働くと、その内訳は移動時間（3.0時間）、商談時間（1.6時間）、事務処理等（1.4時間）、提案書作成（1.0時間）、休憩その他（1.0時間）だとします。営業マンにとって最も付加価値の高い仕事は商談時間で、仕事の成果を大きく左右しますが、それに充てた時間は全体の20％だということです。

そこで、移動時間、事務処理時間などの効率化を計ることで商談時間を増やすことができれば成果がさらに期待できます。もちろん商談の中身を充実させることは大切です。早速自分の仕

図表2 時間の使い方（営業の例）

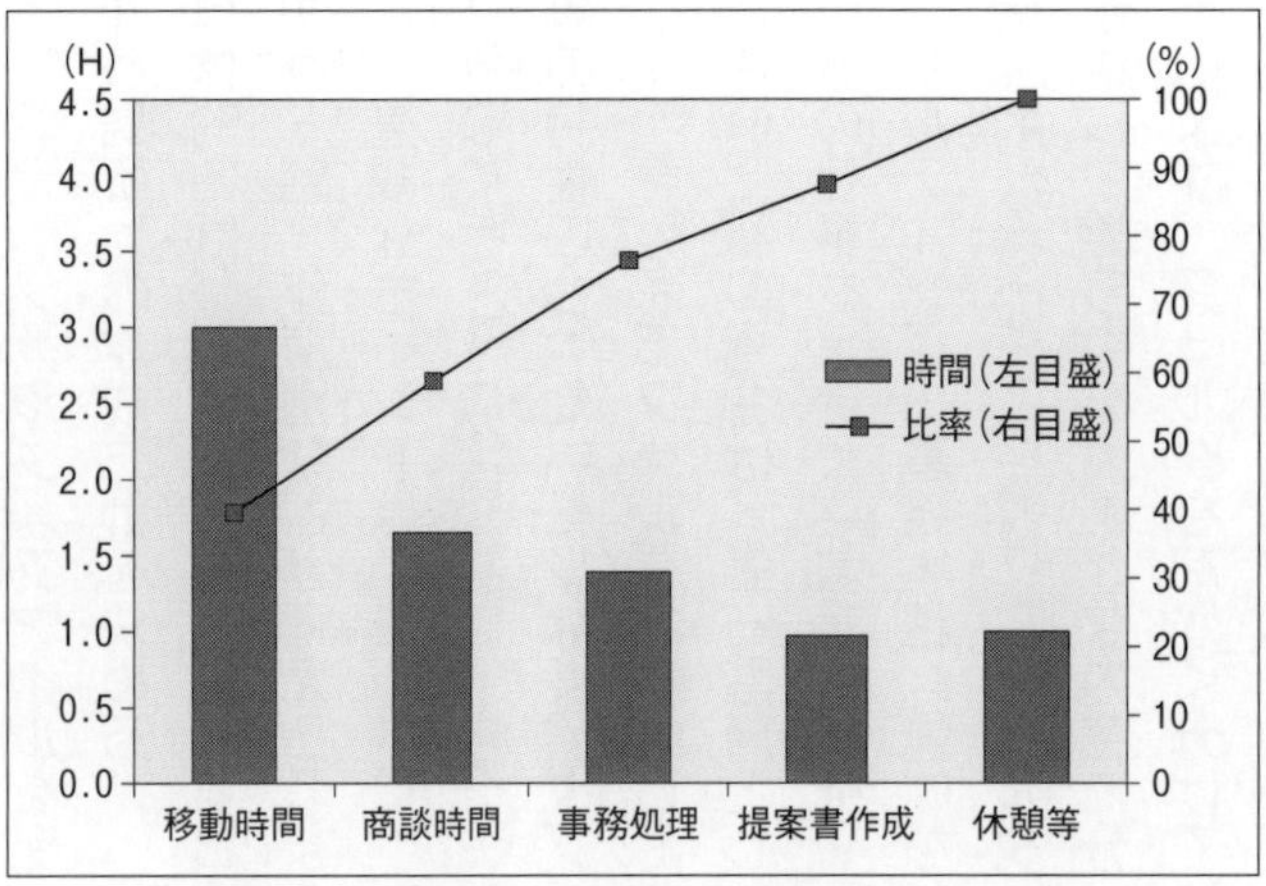

事に置き換えてみてください。

次に緊急・重要マトリックスで優先順位をつけてみましょう。これは仕事を緊急性と重要性によって区分する考え方です。「緊急な仕事と重要な仕事は別の視点だ」というのがミソです。

先ほどのように営業マンの例で見てみましょう。緊急な仕事というのは、クレームへのお詫び、商品引き合いに対する対応、本日の経費精算であったりします。一方、重要な仕事とは展示会の企画やキーマンとの面談などが考えれます。

それをマトリックスで示すと下の図表3のようになりますが、①の「緊急かつ重要」な仕事はもちろん優先順位が最も高い。この営業マンの例でいえば、クレームの中身によっては緊急性が高いだけでなく重要な内容であることも考えられます。

また、③の「緊急でも重要でもない」仕事は、当然、後回しにすべきです。このような仕事を忙しいと言いながらやっていて他の仕事に手が回らないようでは、顧客や会社からの期待に応えることはできません。

問題は、④「緊急ではあるが重要でない」仕事に振り回されて、②「緊急ではないが重要」な仕事が手付かずになりやすいということです。②「緊急ではないが重要」な仕事こそ、少し長い目で見れば企業や自分の価値を高めてくれる大切な仕事である場合が多いのです。

図表3　緊急・重要マトリックス

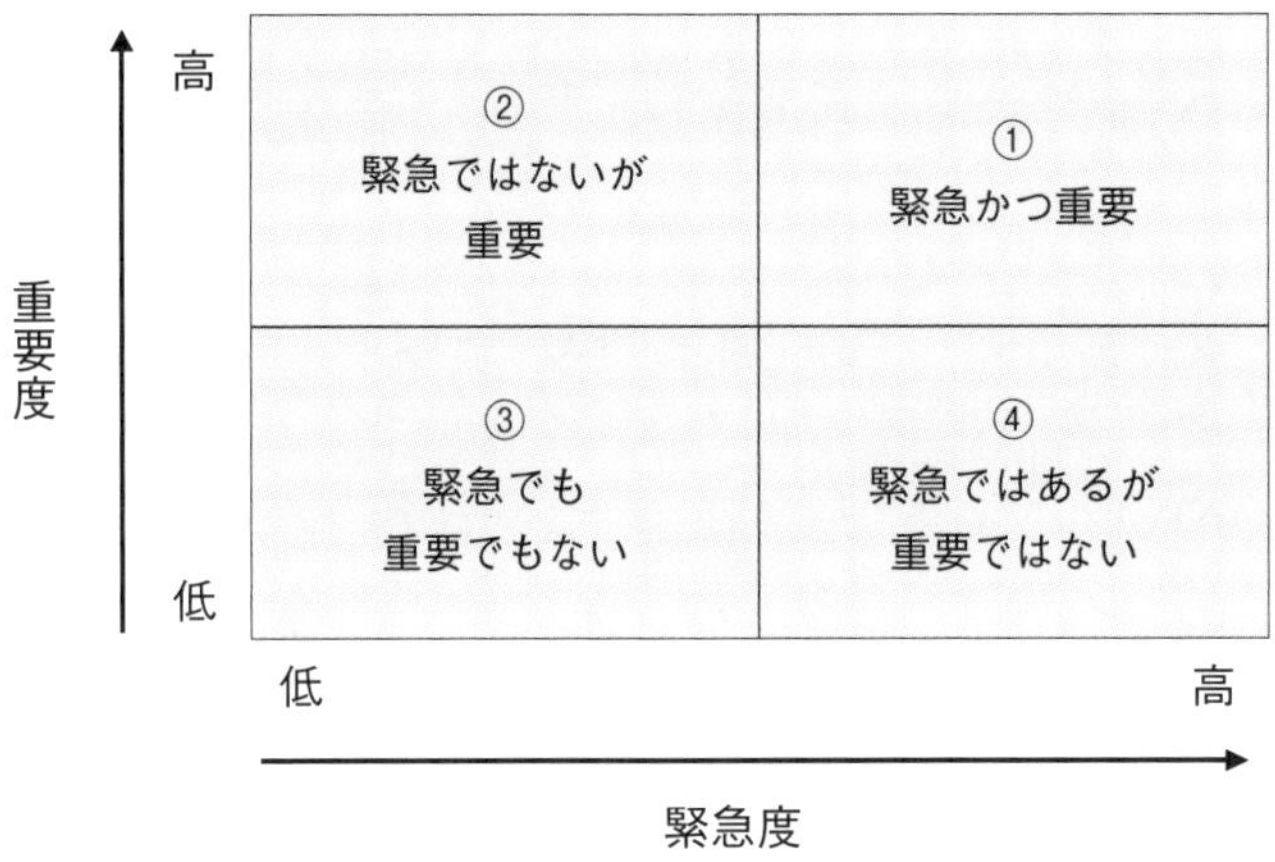

この営業マンの例でも展示会の企画などはまさしく今後の商談を左右する重要な仕事です。もちろん、新入社員に任せてもらえる範囲はごくわずかですが、展示会に向けて自分のお客さまをどうやって誘客するかを考えるのも大切な企画です。

そこで、このマトリックスを使って、③「緊急でも重要でもない」仕事は後回しにしながら、④「緊急ではあるが重要ではない」仕事の効率化を考えます。もしくはこれらの仕事はやめることができないか上司と相談してみるのもよいでしょう。そして、②「緊急ではないが重要」な仕事にチャレンジしてみましょう。

ただし、間違いないでいただきたいのは、雑用にみえても重要な仕事というのはたくさんあります。また、新入社員に任される仕事は限られているでしょうから、その中でも前記のような考え方で仕事に優先順位をつけてほしいということです。

5 「頭の中」の整理・整頓

最後に頭の中の整理・整頓について考えてみましょう。ロジカルシンキング（論理的思考）という言葉がありますが、ビジネスにおいては、「モレなく、ダブリなく」物事を分析して考え、相手に「分かりやすく、正確に」伝えることが大切です。

その効果は、大きく分けて2つです。1つは、問題の真の要因を発見し、有効な解決策を考えることができるということです。もう1つは、取引先や社内での交渉やコミュニケーションの円滑化です。この2点は、考える↓伝える↓考える↓伝えるというようにお互いが関連し合っています。

「モレなく、ダブリなく」物事を分析し考えるというのは、あらゆるビジネスの場面で使われています、ロジカルシンキングの基本です。例えば、小売店がお客さまを分類するという場面を考えてみましょう。

性別（男性・女性）、職業別（経営者・会社員・主婦・学生・・・）、年代別（10代、20代、30代・・・）などで分類し、その特徴から品揃えや陳列を工夫するということが行われています。しかし、「モレなく、ダブリなく」分類するのは意外と難しいものです。この例でいえば職業別分類で「主婦であり会社員である」場合は、どちらの属性で考えるのか？

また、5W1Hというニュース記事を書く時の慣行も「モレなく、ダブリなく」物事を伝えるために有効な考え方です。Who（誰が）、What（何を）、When（いつ）、Where（どこで）、Why（どうして）、How（どのように）が明確になっていれば、分かりやすく的を得た説明になります。

また、「なぜ、なぜ」を繰り返して、物事の本質を見極めるというのも大切な考え方です。トヨタは「なぜ」を5回繰り返して、改善活動に役立てているといわれています。また、戦後、吉田茂首相の側近として活躍した昭和の実業家白洲次郎は、「Mr.Why」と呼ばれていたそうです。戦後GHQの占領下で彼らに対して従順に従うのではなく、「それはなぜか？」を繰り返し質問し、その態度が一定の評価を得たのだろうと思います。

その「なぜ」を繰り返して、物事の本質を見極めるには、ロジックツリーと言われているやり方が参考になります。図表4でいえば、「自動車の売上不振」というテーマに関して、「なぜ」かを「お客さまの変化」、「ライバル企業の影響」、「自社の問題」ではないかと考えます。さらに「お客さまの変化」がなぜ起きたのかを考えるという例になっています。

上から下に向かって「なぜ」を繰り返すので、ロジックツリーの中でもトップダウンアプローチといわれています。逆に細かな事象（下）から「だから？」と問いかけて上っていくボトムアップアプローチもありますが、両方の視点で検証することが必要です。

図表4　ロジックツリーの例

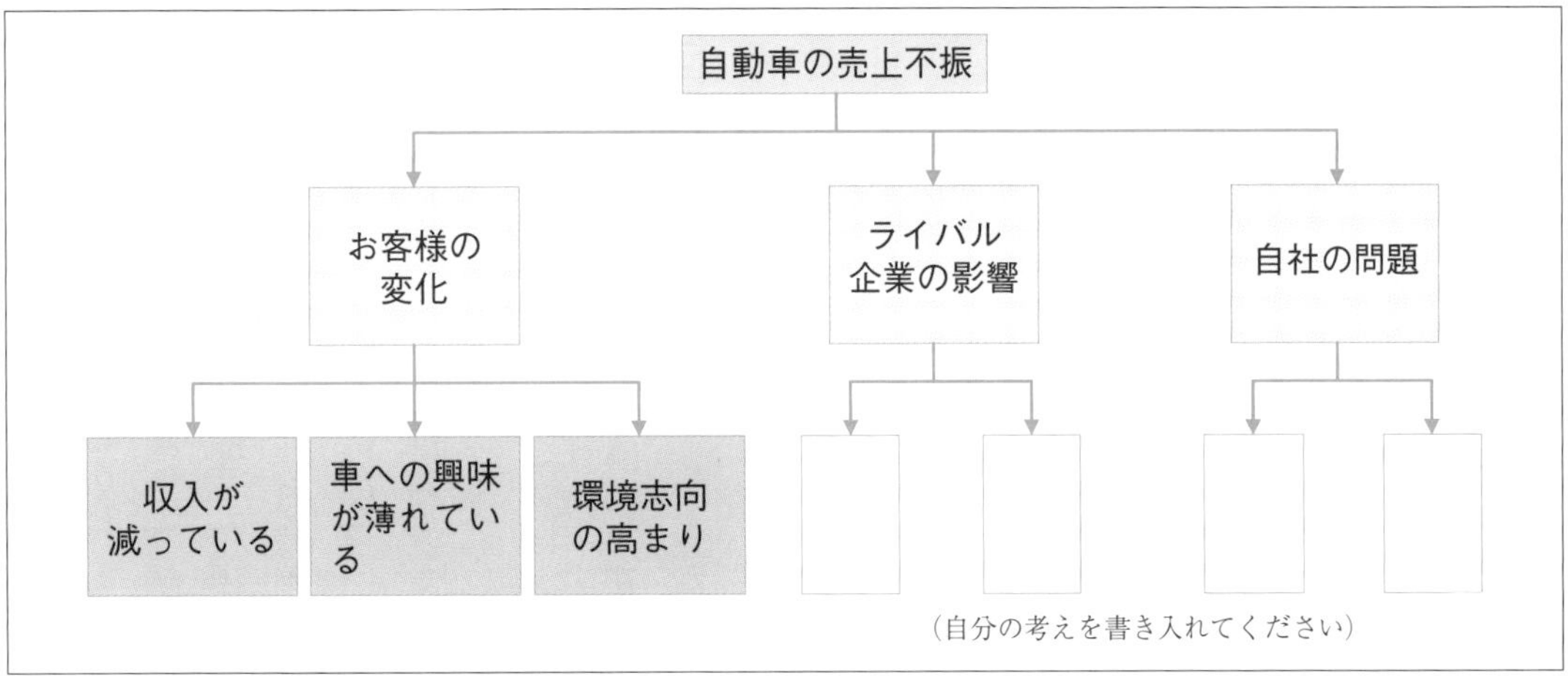

　この例の場合、効果としては環境志向の高まりが真の原因だと判断すれば、「エコカー」の販売に注力するという対策が考えられるわけです。もちろん複数の原因が考えられる場合もあるでしょう。場当たり的な対応をするのではなく、物事を深く考えるうえでは重要な思考ですし、他のメンバーとディスカッションを進めていく際も有効なツールなのです。

　他にも頭を整理・整頓するためのツールというのはたくさん開発されています。皆さんも仕事を進めていくうえで、本を読んだり、人から教えてもらったりしながらさまざまなものに出会うことになるでしょう。

　ある企業が展開している事業や商品を「市場の成長性と自社のシェア」という2軸で捉えて戦略を練るためのPPM分析。ものが売れるような仕組みを考えるために「製品・価格・プロモーション、流通」の4つの視点でとらえる4P。自社の「強み・弱み」と世の中で起きている事象が自社へ及ぼす影響を「機会・脅威」という視点で捉えて進むべき方向を探るSWOT分析などはよく聞くものです。

　いずれにしても、大切なことは、これらは道具でしかないということです。どんなよい道具であっても使う本人次第で効果は変わってきます。また、道具をいちいち意識しなくても、「モレなく、ダブりなく」物事を分析して考え、相手に「分かりやすく、正確に」伝えることができればよいのです。それが情報を知恵に変えて活用するということです。

6　発想力と実行力で成果に

　これまで仕事の整理・整頓術として、「もの」、「時間」、「頭の中」の整理・整頓を考えてきました。

・整理（せいり）―いらないものを捨てること

・整頓（せいとん）―決められた物を決められた場所に置き、いつでも取

り出せる状態にしておくこと
最後に忘れてはならないのは、「もの」、「時間」、「頭の中」を整理・整頓した後の活用です。書類が整理・整頓され、重要なことを考え実行する時間が捻出され、場当たり的ではない深い分析と相手への伝達方法が身に付きました。

しかし、「発想力と実行力」が伴わなければ成果には結びつかないのです。それは実際のビジネスシーンで見かける光景を思い浮かべれば想像できます。身の回りがいつもきれいであってもそれ自体は目的ではないはずです。せっかく捻出できた時間をムダに過ごしていることも多いはずです。ロジックツリーの中身はピントがずれた分析になっていることもあるでしょう。また、他人への働きかけを行わないで自己満足している評論家タイプの人も多いと思います。

発想が豊かで力強く一歩踏み出すものと、そうでないものの差はどこにあるのか。それは日常の「関心」の持ち方だと私は考えています。関心のないことは大切な情報であっても頭に残りません。目や耳で入ってきたとしても、本当の意味では見えていないし聞こえてこないのです。

例えば、あなたの趣味がサッカーだとしましょう。Jリーグのことはもちろん欧州や南米のサッカーチームや選手の活躍が気になるでしょう。街を歩いていてもサッカーボールを持ちユニフォームを着ている少年が目に留まるはずです。夜のTVニュースでは野球の時間は他のことをしていても、サッカーが放送されると食い入るように見て、さらにはSNSなどもチェックするはずです。

仕事も同じことなのです。自社の商品や仲間に関心を持つ。お客様の会社や業界全体に関心を持つ。そうすることで見えてくるものは違ってくるはずです。

あなたの会社は食品メーカーとしましょう。自社商品を食べてみることは当然として、スーパーへ行ったらライバル社商品との陳列の違いをチェックしましょう。そのスーパーがどちらの商品を売ろうとしているのかが分かってきます。

また、いつも同じスーパーで買い物をするのではなく、他店やインターネット通販などでも購入してみます。Q（品質）、C（コスト）、D（デリバリー）の特徴がよく分かります。

こういった日常の情報の蓄積がいざとなった時の発想に結びつくのです。活用というアウトプットのためには、上質なインプットがなければならないのです。上質なインプットが発想を豊かにし、その豊かな発想が行動への執念を促すのです。よいアイデアが生まれて周りへの関心があれば実行したくなるはずです。

「もの」、「時間」、「頭の中」を整理・整頓し成果に結び付けるためには、周りへの関心を失わないでアンテナを高く掲げ続けてほしいと思います。

（ぬしも・かつや）

第**3**章

ビジネスマナーを習得する

仕事は、多様な人々と関わって進めていきます。
共通認識であるビジネスマナーは、必要であり有用です。
正しい知識を学び、トレーニングしておきましょう。

宮田 礼子（みやた れいこ）
WEG 代表
（執筆・動画監修）

プロフィール

住友商事（株）人事部で、採用、企業内教育を担当。退社後コンサルティング会社で人材育成コーディネーターとしての研鑽を積む。現在WEGを主宰。企業人研修、就職講座及びコーチングをとおして個人の能力開発のサポート役として活動中。横浜市都市計画審議会委員、生涯学習推進会議委員等を歴任。著書に『仕事の基本81の法則』、『仕事の基本71のポイント』『会社のルールとマナー71』（共著（株）大和出版）等。

1 ビジネス社会へのパスポート

●ビジネスマナーの持つ役割

今、あなたはどのような心境でしょうか。仕事は覚えられるか、職場になじめるのか、やりたい仕事を任せてもらえるのか…。色々と考えてしまうこともあるでしょう。

新入社員向けの研修会でお会いする方々は一様に「ビジネスマナーは大事だから」と真剣な表情で参加されています。なぜ大事だと思うのか聞いてみると「先輩社員に嫌われたくない」「相手先に失礼があってはいけない」等、自分なりにビジネスマナーの必要性を考えていらっしゃるようです。

ビジネス社会では学生時代と違い、幅広い年齢層の人達や様々な価値観を持った人達と関わって仕事を進めていきます（図表1）。また働き方の形態も様々で、在宅勤務や時短勤務の人、パートタイムやアルバイトの人がいる職場もあるでしょう。学生時代のようにあなたと気の合う人ばかりとは限りません。時には年下の先輩に仕事を教えてもらうということもあり得ます。こういった状況の中で仕事をしていく際のいわば共通認識の役割を果たしているのがビジネスマナーです。

特にお互いをまだよく理解していない時に、ビジネスマナーがしっかりできていないと、「学生気分が抜けていない」「仕事をする気はあるのか」等と誤解されてしまい、「仕事もいい加減かもしれないから、気をつけなければ…」とあなた自身の信用を無くしてしまうかもしれません。お互いに「信頼」があれば「それじゃ、よろしくお願いします」と書類の作成を頼んだ後は、書類が出来てくるまで安心していられます。しかしそうでなければ、いちいち「出来ているかな?」「ちゃんとやっているだろうか?」等と気がかりになるでしょう。ビジネスの現場ではいかに信頼されて仕事を任せてもらえるかも大切です。

もうひとつ、例えばあなたに請求書を作成する指示が出たとします。あなたはさっそく先輩に教えられたとおりに書類を作成します。出来たらその先輩に確認してもらい、OKであればそれを上司に提出。許可が下りたら相手先にその書類を発送する準備をする…というように、1つの書類を取ってみてもあなたが1人で作成して終わるのではなく、何人もの人との関わりがあります。

仕事は1人では進められません。人と関わって進んでいきます。ですから

図表1 自分を取り巻く環境

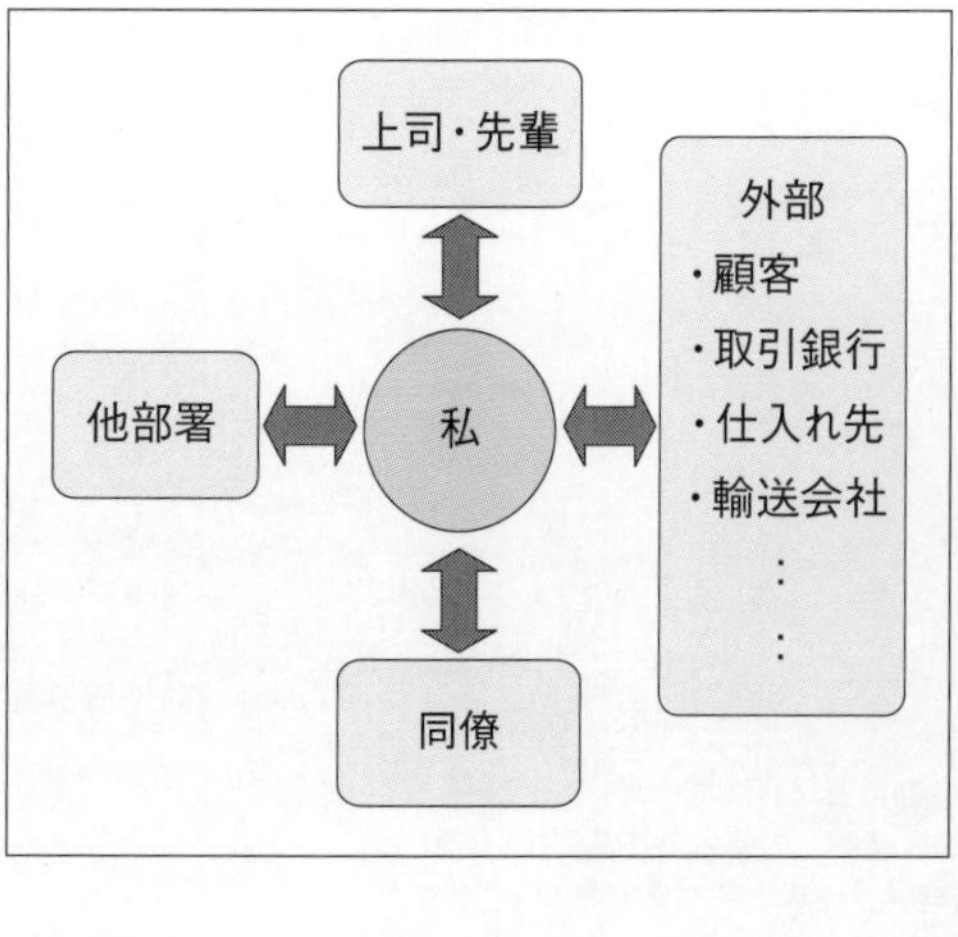

仕事で関わる人と上手に関係を築かなければ、最悪の場合、仕事を完成させることも不可能になります。私達が最高のパフォーマンスを発揮して仕事で成果を出し続けるには、人に働きかけていく力は必要不可欠なのです。人に働きかける際に失礼なく気持ち良く応じてもらう為にビジネスマナーは、有用かつ必要な能力といえるでしょう。

Check

ビジネスマナーはなぜ必要か

- ☑ ビジネスで信頼を得るため
- ☑ どんな人にも失礼なく気持ちよく応じてもらうため

●どのように習得するか

ビジネスの現場では、ビジネスマナーで求められる行動を正しく理解しているだけでなく、必要とされる行動が瞬時に出来なければ意味がありません。ビジネスマナーの知識があること、その場に相応しい行動が出来ることは当然のこととされます。ですからビジネスの現場に入る皆さんには、ビジネスマナーを自分のものとして早い段階で習得することをお薦めします。

例えば自分では正しいと思っていても、実は学生言葉で話していて敬語が使えていない、名刺の取り扱いが間違っている、服装が場違いだ…等正しい行動が出来ていないかもしれません。私は学生の頃、お客様に座って頂くのは一人掛けのソファーだと思っていました。ところが入社後に受けた研修で、それは間違いだと知りました。もしそのままお客様を案内していたら、きっと「失礼な人だ」「常識がない」と思われていたことでしょう。

こういうことが重なると、入社の時に抱いていたやりたいことや挑戦してみたいことも出来なくなってしまいます。そうならないように、ここでしっかりとビジネスマナーについて正しい知識を学び、自らトレーニングを積んで行動できる状態にして、新社会人生活をスタートしましょう。

ビジネスマナーを学んでいく際に、忘れて欲しくないことがあります。

まず「型」を学びましょう。これまでのビジネス社会で通用してきた正しいやり方を知りましょう。そしてビジネスの場にふさわしい動きや言い方などに早く慣れることが大切です。

次に気持ちも伝えましょう。ここで忘れてはならないのが、行動の「型」に「気持ち」もあわせるということです。「型」だけを覚えて行動に移してもビジネス社会では通用しません。「型」と「気持ち」があわさって現場で使えるものになります。気持ちのこもらない挨拶をされても、あなたへの信頼は高まりません。

Check

習得のポイント

- ☑ ビジネス社会で通用する「型」を学びましょう
- ☑ 「型」に「気持ち」をあわせましょう

2 大切にしたい初めて人と会う機会──第一印象を大切にする

皆さんはこれまでにどれだけの人に紹介されましたか？　新入社員のこの時期は特に初めて会う人との機会が多くなります。「仕事の担当が変わりましたので紹介いたします…」という改まったものから「いつも納入でお世話になっている小澤さんだから覚えておいて…」「会計書類をお願いする重山さん。うちの新人…」という軽いものまで、様々な出会いがあったのではないでしょうか。そういう時、あなたはどういうことに気をつけて相手と対面していましたか？

図表2　第一印象の人物評価の流れ

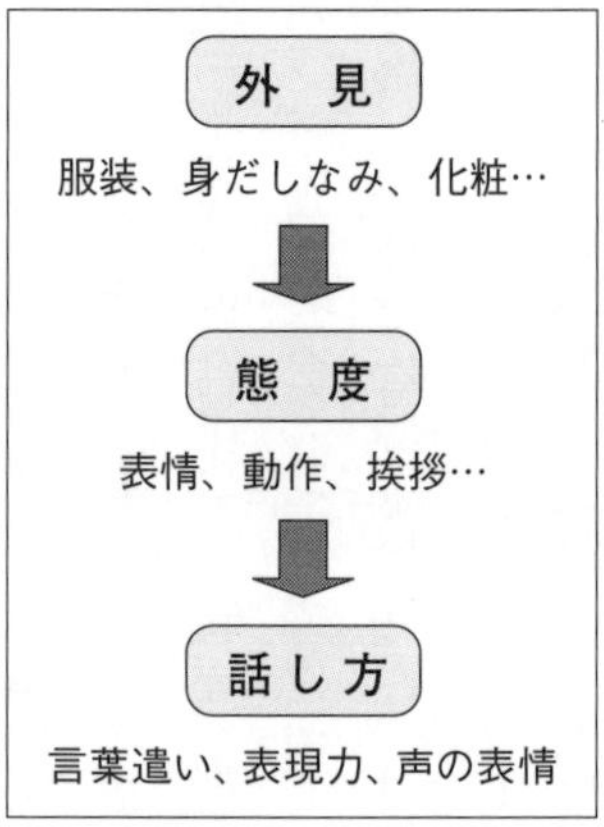

これまでの学生時代のように長い時間をかけて、時には喧嘩をしながらお互いを理解しあってきた友人関係とは違い、ビジネス社会では相手のことを短時間で信頼できる人物か否かを判断せざるを得ません。しかもビジネスパートナーとして仕事の成果を出していく相手になりますから、ともに成果を出していける人かどうかを見極める評価基準が厳しいものになるのはやむをえないでしょう。また最近は初対面の場が直接対面するのではなく、オンライン上ということもあり得ますから一層の注意が必要です。

良い、悪いということではなく、人は初対面の人に対して瞬時に何らかの判定を下しています。あなたは相手からビジネスパーソンとしてどのように見られているのでしょうか？　出来ることなら相手から信頼できるパートナーとして仕事の出来るイメージを持ってもらいたいですね。

それでは相手がどのような点を見ているのかを確認しましょう。

●外見

あなたが相手を見抜ける特別な能力でも持っていない限り、パッと会っただけではその人が世界レベルの技術を開発した人だとか、秘境探検が好きで休みはいつもどこかに行っているなどということはわかりません。まず目に入るところから判断されます。つまり服装や身だしなみといった外見から見られます。しわだらけのスーツを着て、頭はボサボサだと、だらしない印象を持たれたり、派手なリゾートをイメージさせる柄のブラウスだと、遊び気分で仕事に取り組んでいるのかと思われたりするかもしれません。

●態度

次にチェックされるのは動きです。表情や姿勢、お辞儀の仕方などがこれに当たります。初対面の時にあまり頭を下げずにあっという間に終わってしまうお辞儀をすれば、雑な感じがします。相手の人は気持ち良いものではないでしょう。そのうえ無表情でじろっと見られたとすれば、睨まれているようで落ち着かない気分になるかもしれません。

●話し方

さらに挨拶の言葉や正しい敬語で話しているかどうかも相手に聞かれて判断されています。

いくら心がこもっていたとしても、いきなり友達の軽いノリで「お疲れ〜、まだ初めてでよくわかんないので、そこんとこよろしく」と言われるより、「お疲れ様です。まだ担当して日が浅いのでよく分からないところもありますが、どうぞよろしくお願い致します」と言ったほうが印象が良くなることは言うまでもありません。

●第一印象の決め手

さてこのように、相手は見えるところからどのような人かを判断していきます（図表2）。外見、態度と続き、話し方の段階でも特に挨拶の言葉の最初の一言くらいで、相手はあなたに対する第一印象を決めてしまいます。

①短い時間で決まる

第一印象を大切にしたい理由は

②悪い印象ほど長く持ち続けられるという点にあります。数秒で決まった印象を覆すには、その何倍もの時間を要します。まず仕事の出来る、信頼の持てる第一印象を持ってもらうことで、ビジネスパートナーとしての信頼を得て、仕事をスタートさせましょう。

ここがポイント！　レベルアップ　どうする？　初対面がオンライン!!

コロナ禍以降、仕事は出社せずにテレワークで行う会社も少なくありません。これは打ち合わせについても同様のことが言えます。

もしも初対面の人との顔合わせがオンライン上になった時は、まず服装選びに注意を払いましょう。テレワーク時の服装は出社する時よりもラフになりがちです。例えばビジネスライクに見えるようにTシャツではなく襟のあるポロシャツを、衿あきが大きければ上に羽織るものを選びましょう。また、細かいボーダー柄、明るすぎる色や大きな図柄は、画面を見ている相手にとって、目がチラついて疲れやすくなることもあります。

こういう点にまで気を配って「きちっと感」を出し、仕事に取り組む姿勢や「信頼できる相手だ」という第一印象を相手に伝えましょう。

また画面を見ながら話していると、しかめっ面になって相手をにらんでいたり、無表情になっていたりすることもありますから、笑顔でいることも忘れないでおきましょう。画面を通しても相手にはあなたの仕事に取り組む気持ちは伝わっています。

重要なオンライン会議の際に、上半身しか映らないからと下がジャージのままでは、ここぞという時にパフォーマンスが下がってしまうかもしれませんからご用心。

3 好印象を与える外見・態度・話し方

(1) 外見

● 服装・身だしなみを整える…ビジネスパーソンとして

外見を整える時の指標として「おしゃれ」か「身だしなみ」かを考えると良いでしょう。おしゃれは自分が好きな服装、気に入っている服装ですが、身だしなみは第三者から見て不快感の無い服装、その場に調和した服装になります。つまりその人の服装、身だしなみを見ている視点が違うのです。最近では夏の暑さを避ける為に服装もビジネスカジュアルを取り入れている職場もありますが、カジュアルと言っても最低限のマナーは考慮する必要があります。詳しいチェックポイントは図表3を見て確認してください。

第一印象を決定づける一番の要素となる外見を整えるのは大切です。

図表3 服装・身だしなみチェックリスト

☞社会人らしい服装・身だしなみが保てるようにチェックリストで確認しましょう。（あくまでも一般的な例です。それぞれの職場の決まりがある場合はそれを優先します。）○×△でチェックしましょう。

		チェック項目	○×△
身だしなみ	1	髪は清潔に保たれ、前髪が目にかからないようになっているか。	
	2	寝ぐせや跳ねた髪ではなく、全体に整えられているか。	
	3	ヒゲの剃り残しはないか、鼻毛が見えていないか。	
	4	爪は長すぎず（手の平側から見て1mm以上出ていない）、指は汚れていないか。	
	5	派手な色のマニュキアや派手なネイルアートをしていないか。	
	6	香水やコロンは匂いのきついものをつけすぎていないか。	
服装	1	仕事の雰囲気に合っているか（機能的か、清潔感はあるか）。	
	2	プレスはされていて、汚れ、シミ・シワはないか。	
	3	襟や袖口の汚れ・ほつれはないか。	
	4	ポケットがふくらむほど物を入れていないか。	
	5	大きすぎたり、長すぎたりする仕事上邪魔になるアクセサリーをつけていないか。	
	6	名札はきちんと見えるところにつけているか。	
靴	1	色や型、派手なデザインではなく、ビジネス上適切なものか。	
	2	きちんと磨かれ手入れされているか。	
	3	形くずれや底のすりへったものを履いていないか。	

(2) 態度

●態度を整える
：ビジネスパーソンらしさを演出

① 表情を整える

ところで今のあなたの表情はどのようになっていますか？　相手にはどのように映っているでしょうか。

表情も相手に与えるインパクトが大きいのですが、残念なことに相手にどのような表情を見せているかを自分で見ることが出来ません。

あなたは仕事で忙しい時等、今やっていることに集中してしまうあまりに、無表情になってしまっていることはないでしょうか。パソコンを長時間使っていると無表情になってしまうことがよくあります。入力中に先輩から「吉田さん」と声をかけられて、パソコンから顔を上げたあなたの顔が無表情になっている確率は結構高いのです。

相手にとっては、無表情は何を考えているのか、楽しいのか、怒っているのかの感情も読み取れません。言ってみれば一番怖いと感じる表情なのです。忙しい時ほど、ちょっと席を立った時や化粧室に行った時などに鏡を見て、自分の表情をチェックしておきましょう。

私も仕事柄表情には気を配っているつもりですが、失敗したことがありました。ある研修会で午後になると受講している皆さんの表情が暗く、こちらの話にも反応が少なくなり、疲れた感

ここがポイント！　レベルアップ　自分らしい笑顔を作る――表情管理

下図からも分かるように笑顔の印象は目と口だけでも伝わります。笑顔はこちらに敵意がなく、良好な関係を作りたいというサインになりますから、自分の表情管理が出来ることは大切です。鏡の前で大きな笑顔を作り、口元だけを隠してみて笑顔に見えるかチェックしておきましょう。

さらに最近はファッションも兼ねて太いフレームの大きな眼鏡をかける人を見かけます。その方のおしゃれのセンスが伝わりますが、気をつけて欲しい点が1つあります。マスク生活が長く続いたためか、メガネや髪の毛でご自分の顔を隠す方が見られるのです。これではせっかくの笑顔が相手に十分伝わりません。あなたの笑顔で相手との心理的な距離が縮まる効果があることも忘れずにいましょう。

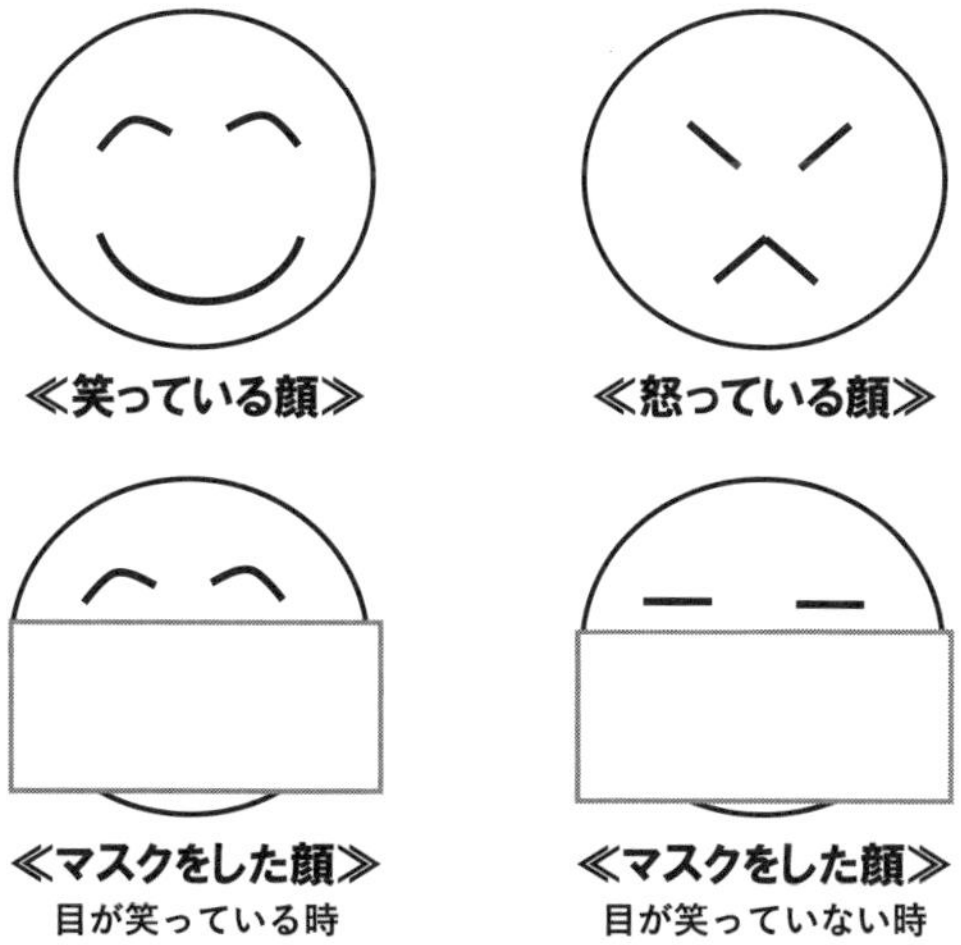

じになってきました。このまま続けない方が良いと判断して、短い休憩を入れました。私も席を立って化粧室で鏡を見てびっくり。無表情どころか怒ったような表情になっているではありませんか。休憩後、表情に気を配り笑顔で研修を再開。その後は常に意識して皆さん一人ひとりに笑顔を届けるようなつもりで進めました。すると休憩前に暗かった受講している皆さんの表情が5分で明るくなり、活発な意見交換が始まりました。

このように笑顔は周囲の人にどんどん伝わり、コミュニケーションにも影響を与えますから不思議なことです。

皆さんも、例えばこれから仕事を一緒に進めていくメンバーに怖い表情で対面していると「この人とプロジェクトを進めていくのは気を使いそうで大変だ」と思われてしまいます。「あー、うちの担当はこの人で良かった」と安心される表情で接しましょう。

②挨拶を整える

挨拶のポイントは、背筋を伸ばしてかかとをつけて立つ姿勢から始めることです。そして頭から腰までを真っ直ぐにした良い姿勢そのままでお辞儀をします。新人の間違いとしてよくあるのが、首を曲げて頭だけを下げて自分では深々とお辞儀をしているつもりになっていることです。これでは動きが綺麗に見えませんし、相手にも気持ちが伝わりません。自分の動きを鏡に映して一度見てみると良いと思います。

もうひとつ大切なのは、動作のスピードです。挨拶をするときは、その場に相応しい挨拶の位置…例えば敬礼であれば30度の位置までさっと下げます。それからゆっくり上げて元の位置に戻ります。そうすると綺麗に見えるだけでなく、相手より頭が先に上がることはありません。下げた頭をゆっくり上げてくることで、相手の動きを捉えることが出来るからです（図表4）。

③色々な動作を整える

その他忘れがちなのが、立ったり、座ったり、或いは歩くという動作です。「モデルじゃない」という声も聞こえてきそうですが、職場では自分以外の人の動きが気になることも多いのです。事務系の職場などは、机の前に座って仕事をすることが多いイメージかもしれません。しかし上司に呼ばれて立ったり、コピーを取りに行ったり等結構動き回ります。以前私が働いていた職場で、バックバンドのサンダルを履いている新入社員がいました。一生懸命に仕事をしていて、キビキビと動いているのはいいのですが、風を切って歩く動きとコツコツいうサンダルの音が気になって仕方ありませんでした。

またお客様と対応した時、相手が意外と気になるのがあなたの立ち方や座り方です。来客との応対で、まさか掛け声をかけて立ち上がる人はいないと思いますが、以前緊張して名刺交換を済ませた後、ほっとしたのかドサッとソファーに座った後輩がいました。挨拶の後も最後まで気を抜かずに行動しましょう。

図表4　**挨拶の基本動作**

挨拶の動作

❶ 背筋を伸ばしてかかとをつけて立つ
❷ 手は軽く組んで前に、あるいは、指をそろえて横に
❸ 言葉を言ってから、頭を下げる
❹ 腰から曲げ、頭だけ下がらないように注意する
❺ さっと下げて、ゆっくり上げる

動画でチェックしてみよう ▶

https://vimeo.com/883129091/4a7933d182

★最初と最後は相手の顔を見る

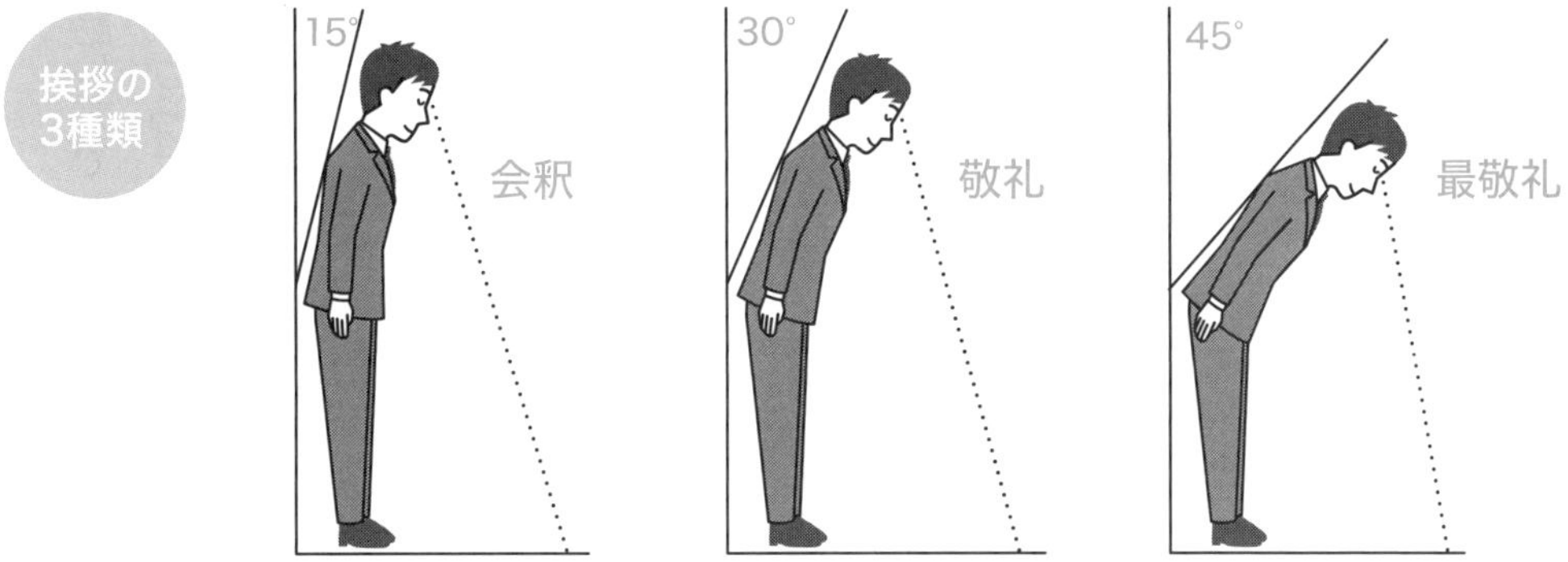

図表5　**挨拶のチェックリスト**

Step1　意識して言葉を先に言って、動作に移る「分離礼」ができるように練習します。鏡を使って「挨拶」の仕方を観察し、どこをどうすればよいかを検討します。

Step2　その状況にふさわしい挨拶が出来るように「会釈」「敬礼」「最敬礼」の3種類の中から、自分でどれかを選択して実践し、下のチェックリストを使って自分の動作を確認します。

	チェック項目	○×△
1	背筋を伸ばし、正しい姿勢で立っていたか。	
2	手や足は所定の位置で揃っていたか。指は揃っていたか。	
3	まず、相手に視線を添えていたか。	
4	はきはきと笑顔で明るく挨拶をしていたか。	
5	言葉に感情がこもっていたか。	
6	首だけ曲がっていないか。あごを使いすぎていないか。	
7	背中が丸まっていないか。	
8	頭を下げるときは早く、上げるときは少しゆっくり起こせたか。	
9	下げきったところで一息おいていたか（1 ～ 2 秒静止）。	
10	心のこもった丁寧な動作であったか。	

(3) 話し方

●話し方を整える

最後のチェックポイントは話し方です。入社の挨拶をしたり、これから仕事でプレゼンをしたりと、人前で話す機会も増えてくると思います。そういうとき、「何を話そうか」「スライドにはどの図を使おうか」ということに力を入れがちですが、聞いている人たちには「どのように話したか」の印象の方が強く残ると言われています。挨拶の際の言葉もそうですが、敬語の使い方、声の表情…抑揚、スピード、気持ちを乗せた話し方や口癖がないか等に注意を払うことも大切なのです。

①言葉遣い

まず皆さんにビジネスパートナーとして認めてもらうためにして欲しいことがあります。それは、学生言葉、バイト語からの脱却です。図表6にある言葉を日常で使っていたり、口癖になっていたりしませんか？　もしそういうことがあればすぐに直しましょう。

図表6　改めたい学生言葉とバイト語

言葉遣いで注意する必要があるのは、敬語だけではありません。学生言葉、バイト語にも注意が必要です。うっかり使っていると「まだ学生意識が抜けていない」と判断されます。また、つい言ってしまう口癖はないでしょうか？　これもチェックしましょう。

A．独特のアクセント、イントネーション、語尾

語尾を必要以上に上げたり、伸ばしたり、押したりした話し方をする。

〜じゃん　〜じゃなぁい？　〜とかぁ　〜みたいなぁ　〜っつうかぁ　〜だしぃ　〜っていうかぁ　そんで　〜とかいってぇ　だからぁ

B．独特の言い回し、フレーズ、あるいは仲間うちしか分からない言葉

SNS 上でよく使う言葉、略した言い方を仕事上のメールや会話で使う。

びびる　あせる　はまる　ぱにくる　むかつく　きてる　それな　あーね　なにげに　超〜　ビミョー　まじ　ざっくり　〜系　〜状態　〜モード　ぶっちゃけぇ〜　メンディー　〜（私）的には　〜する人（自分を）　ググる　バズる　エモい　めっちゃ　うける　やらかす

C．口癖

自分では気づかないうちに会話の端々に頻繁に出てくる。

やっぱ　ほぼほぼ　やばい　なるほどぉ〜　なるほどなるほど（言葉を繰り返す）

D．表現の仕方

① 〜のほう

× 「書類のほう、確認させていただきます。」　○ 「書類を確認致します。」

② よろしかった

× 「□□□でよろしかったでしょうか？」　○ 「□□□でよろしいでしょうか？」

③ 〜という形になります。〜の形になります。

× 「30分程お待ち頂く形になります。」　○ 「30分程お待ち頂きますが、よろしいでしょうか？」

④ 〜になります。

× 「スペシャルプランになります。」　○ 「スペシャルプランでございます。」

⑤ 〜から

× 「5,000円からお預かり致します。」　○ 「5,000円をお預かり致します。」

②敬語

研修で新入社員の人が難しい、苦手だと感じることの上位に入るのは、言葉遣いの中でも「敬語」の使い方です。

相手と話しながら瞬時に図表7のように尊敬語や謙譲語に言葉を置き換えるわけですから、そう感じるのも無理のないことでしょう。しかし、新入社員のこの時期だからこそ多少間違えてしまうことがあっても、実際に使って身に付けていきましょう。まずはその言い方に慣れることが、敬語を使えるようになる近道です。

図表7　よく使われる敬語の言い換え

☆尊敬語と謙譲語

動　詞	尊敬語	謙譲語
見　る	ご覧になる	拝見する
聞　く	お聞きになる	うかがう
言　う	おっしゃる	申す・申し上げる
す　る	なさる	いたす
い　る	いらっしゃる	お　る
行　く	いらっしゃる	うかがう
来　る	いらっしゃる・お越しになる お見えになる	参　る
知　る	ご存じ	存じる・存じ上げる
会　う	お会いになる	お目にかかる
伝言する	おことづけになる	申し伝える

☆職場での敬称

自分	わたくし	上司	○○さん、○○課長
同僚	○○さん	社外の人	○○会社の△△様 ○○会社様
第三者	お客様、お連れの方 男の方、女の方 あちら（こちら）の方	社外の人に社内の人のことを言う時	私どもの○○ 課長の○○
自分の会社	当社、私ども	相手の会社	御社、そちら様

図表8の例の部分を外国語のレッスンのように口に出して言ってみましょう。尊敬語と謙譲語がどのように言い換えられていくのか、音読して口慣らしをしていくうちに言葉の言い換えに慣れていきます。正しい言い方に慣れてくればしめたものです。これが出来れば間違った言い回しをした時に違和感を感じるはずですから、正しい言い方に言い直すことも出来ます。

言葉遣いの基本トレーニングをこのように進めていったら、さらに段階を上げて表現力を磨いていきましょう。次の項でそれを見ていきます。

③話し方の幅を広げる表現力

基本の敬語が身に付いてきたら、話し方の第一段階はクリアです。でも敬語だけが使えてもスムーズな会話にならないことに気づくでしょう。ここでは相手に配慮しながらも自然な会話になるコツをお伝えしていきます。

A．ちょっとした言葉をプラスする

例えば相手に部長の所在を聞きたい時にいきなり「部長はいますか？」とたずねるよりは「恐れ入りますが、部長はいらっしゃいますか？」と聞いたほうが丁寧になります。このように一言プラスする言葉をクッション言葉と言います。図表8にあるように状況に応じた使い分けがありますから、これも覚えてしまいましょう。

B．印象を良くする工夫

例えば携帯電話を買い替える手続きの場で、係の人に

「ここに書いてください」

と言われるのと

「こちらにお書きいただけますか？」

と言われるのとでは同じことをお願いされていても印象が変わってきます。このように相手に命令しているような表現ではなく、お願いする形で表現する方法（図表8）を覚えて使っていきましょう。

他にも「出来ません」「分かりません」と直接否定した形で表現しないで「いたしかねます」「分かりかねます」というように肯定形で話すと、相手に柔らかく伝えることが出来ます（図表8）。

このようにちょっとした表現の工夫で相手への伝わり方も違ってきます。色々な表現が使えるように練習しましょう。

C．「声の表情」をつける

表現力の最後は「声の表情」です。

例えば職場の同僚に何か頼みごとをした時、お礼を伝えるのに「ありがとう」を平坦な言い方で言うのと、口を大きく開けて「ありがとう」と「あ」を一音高く、力を入れて言うのとでは相手への感謝の気持ちの伝わり方が違っていることに気づくでしょう。

最近の傾向として言葉を平坦に発音することが増えていますが、会話ではぜひ気持ちを込めて、抑揚のある話し方をしましょう。そうすると相手への気持の伝わり方が高まります。

図表8　敬語への言い換え、表現の工夫

敬語の作り方	
Ⅰ. 尊敬語	①相手の動詞の語尾に「～れる、られる」をつける。 例：会長はこれから出かけられるとのことです。 ②相手の動詞の前に「お・ご」、動詞の後に「～になる・なさる」をつける 例：部長がお客様にお会いになる。 ③動詞を言い換えの言葉にする。 例：社長がお昼を召し上がる。
Ⅱ. 謙譲語	①自分の動詞の前に「お・ご」、動詞の後に「～する・いたす」をつける。 例：私がお調べいたします。 ②動詞を言い換えの言葉にする 例：その件は私が申し伝えます。
Ⅲ. 丁寧語	①語尾に「です」「ます」をつける。 例：「～というお話でした」「こちらが新しい機種です」 ②相手の言葉、動作、持ち物等に「お」「ご」をつける。 例：「お荷物」「お電話」
表現の工夫	
Ⅰ. クッションを入れる	①「恐れ入りますが…」　会話全般。「恐縮でございますが…」をやや柔らかくした言い方。 例：「恐れ入りますが、部長の山田様はいらっしゃいますか？」 ②「失礼でございますが…」　相手の名前や身分を聞く時に有効。 例：「失礼でございますが、どちら様でいらっしゃいますか？ ③「申し訳ございませんが…」　否定的内容や断りの時にワンクッションを置くことが出来る。 例：「申し訳ございませんが、只今担当の山本は席をはずしております」 ④「お手数でございますが…」　相手に何かしてもらう時に強引な感じにならない。 例：「お手数でございますが、書類をお持ちいただけますか？」 ⑤「お差支えなければ…」　相手がYesNoを言いだしやすく、尊重されている印象となる。 例：「お差支えなければ、お電話番号を伺いたいのですが…」
Ⅱ. 命令形 → 依頼形	「～していただけますか」「～していただけませんか」「～願えませんか」 例：「こちらへお越しいただけますか」
Ⅲ. 否定文 → 肯定文	「～かねます」「～いたしかねます」 例：「分かりかねます」「いたしかねます」

●会話に応用する

ここまで敬語の使い方に始まり、表現の工夫、声の表情まで様々なヒントをお伝えしました。これらを実際に使うとどうなるでしょう。職場で実際にありそうな場面で考えてみましょう。まず図表9の「言葉遣い基本編」の赤色の部分（解答例）を紙でかくしながら読んでみてください。すぐに解答例を見るのではなく、一旦自分なりに考えてみましょう。

いかがでしょうか。思い通りに解答できましたか？　基本の敬語は正しく直すことが出来ましたか？　まずここは基本中の基本なので、正しい表現を確実に身に付けましょう。

そして次頁の応用編（図表10）にあるようにちょっとした会話の中でも表現の工夫が色々とできます。こちらもしっかり学びましょう。

さあここまで、ビジネスマナーの基本的なことをみてきました。思い違いをしていたところや、間違って覚えて

図表9　言葉遣い基本編

どこに問題があるでしょうか。以下を参考に、正しい話し方を身につけましょう。

①　（上司に）阿部課長、お客様がお見えになられました。
→阿部さん（課長・○○課長）、お客様がお見えになりました。　＊二重敬語の間違い

②　（受付で）今日2時の約束で来ました。熊谷さんいますか？
→失礼いたします。今日2時の約束で参りました。△△の××と申します。熊谷様はいらっしゃいますか？　＊訪問の際の基本の名乗り方

③　（職場の先輩に）「すみません、報告書を見てくれましたか。」
→失礼致します。報告書をご覧になっていただけましたか。（見てもらえましたか。）
＊仕事中に声をかける時の基本

④　（受付で）私では分かりませんので、あちらで申し上げてください。
→私では分かりかねますので、あちらでおっしゃって（お話しになって）いただけますか。
＊謙譲語の間違い、依頼形を使った例

⑤　（お客様との会話で）京都へ参られたそうですが、いかがでしたか？
→京都へいらっしゃった（いらした、行かれた）そうですが、いかがでしたか？
＊尊敬語の使い方の間違い

⑥　（お客様に）次回来る時に入会申込書を持ってきてください。
→恐れ入りますが、次回お越しになる時（いらっしゃる時）に入会申込書をお持ちいただけますか。　＊クッション言葉、依頼形を使った例

⑦　（お客様と面談していた課長に）お客様は、もうお帰りになられましたか？
→お客様はもうお帰りになりましたか？　＊二重敬語の間違い

⑧　（出張から戻り、朝出社した部長に）部長、出張ご苦労様でした。
→おはようございます。部長、出張お疲れ様でした。
＊一般的に「ご苦労様」は目上の人が目下の人をねぎらう言葉（ただし業界によっては、上下関係なく使うところもある）

⑨　（仕事の指示を出した先輩に）どっちを先にやればいいですか？
→どちらを先にすればよろしいでしょうか？
分かりました。私がやります。
→かしこまりました。（承知しました。）私が致します。　＊丁寧な表現

いたこと、知らなかったことはありませんでしたか？　まずここにあることをしっかり覚えましょう。そして正しい「型」を知っているだけでなく、気持ちも込めた行動が出来るようにしておきましょう。そのうえであなたらしさをプラスしてください。

次からは職場で役立つより実践的なことを学んでいきます。

知恵袋

気をつけたいのは朝から「お疲れ様です」という表現を使うことです。

職場によっては常に挨拶の言葉として使っているところもありますし、メールでも多用されているようです。しかし朝一番から「お疲れ様」というのは考えものです。

以前いた職場で朝電話をかけてきた上司に「お疲れ様です」と口癖で言ったところ、上司には「朝から疲れていないよ」と言われてしまいました。

表現のバリエーションを豊かにするのはもちろん大切ですが、日常のちょっとした挨拶の言葉にも工夫が必要です。

図表10　言葉遣い応用　日常のコミュニケーション編

①昨日の新人歓迎会で励ましてもらった上司に朝、会社の前で会った。「おはようございます」に続けて一言。

「○○さん、(○○課長等)、おはようございます。昨日の新人歓迎会では励ましのお言葉をいただきありがとうございました。今日も頑張りますので、どうぞよろしくお願いいたします。」

②通勤中に車両故障があり、運行が20分遅れた。会社には15分位遅刻をしてしまいそうだ。乗り換えの駅で遅れることを会社に電話連絡する。

「おはようございます。私新人の○○です。申し訳ございません。只今、乗車している電車の車両故障で10分ほど運行に遅れが出ております。そのため、10分位遅れての出社になると思います。できるだけ急いで出社するようにいたしますが、どうぞよろしくお願いいたします。」

＊社会人の常識として自分の所在は常に明らかにしておきます。こういう場合も出来る限り早く連絡を入れます。

③その後電車は動いたが、やはり10分遅刻した。職場に着いたらどうするか？

「○○課長、おはようございます。本日は出社が遅くなってしまい、申し訳ございません。これからすぐ仕事に入ります。」

＊課長に挨拶した後、職場のメンバーにも「申し訳ありませんでした。ありがとうございました。何かありましたか？」と声をかけることを忘れずに。

④急病で欠勤しなければならず、職場に電話を入れた時

「申し訳ございません。急な発熱で出社できそうにありませんので、今日は休ませて頂きます。」

＊必ず本人が連絡します。どう体調が悪いかを伝え、仕事の進捗状況によっては、代わりにしてもらうことを依頼します。FAXでの連絡や親にしてもらうのは避けましょう。

⑤指示を出した上司に質問する時

「お仕事中失礼いたします。今お時間はよろしいでしょうか？」

＊このように声をかけてから、具体的に話にかかる時間や用件を伝えます。

4 電話応対——基本をマスターする

●電話応対は難しい!?

新入社員研修に参加される皆さんが最も苦手だとされる項目です。確かに難しいものだと思います。相手の顔は見えず声だけの応対になりますし、いつどこの誰からかかってくるかも分かりません。

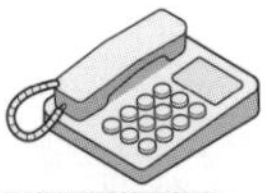

図表11 電話応対の達人への心得

1. まず職場のメンバーの名前と顔を一致させよ
2. 常に職場のメンバーの動向を把握せよ
3. 電話が鳴ったらすぐにメモが取れるように準備せよ
4. 通常より一音高くハッキリと名乗るようにせよ
5. 会社の代表と思って電話に出よ

新人時代、私は職場で良い先輩たちに恵まれていました。電話が鳴ると今まで話していた先輩たちは一瞬話をやめて鳴っている電話をちらっと見ます。誰も受話器を取ろうとしません。暗黙のうちに「あなたが出るのよ」と言っているようでした。思いきって電話に出ると、先輩たちは自分の仕事をしながら、しっかり聞き耳を立てて私の応対を聞いています。電話に出るだけでも緊張するのに、その上先輩たちにチェックされていると思うと心臓はバクバクして、メモを取る手は震えていました。おまけに名指し人の名前を言われても、一体誰のことか全くわからず、隣の先輩に聞く有様です。よほど応対に時間が掛かっていたのか「山田さん、九重工業さんから電話のようですよ」と取次ぎの言葉を先に言われてしまいました。

電話応対の言葉を覚えるだけでも大変なのに、職場の人の顔まで覚えなくてはならないなんてと思い、電話が鳴ると本当に緊張しました。

●電話応対で押さえておくべきこと

…達人を目指す為のポイント（図表11）

入社すぐに自分宛ての電話がかかってくる確率は低いと思います。まず皆様にお勧めしたいのは、職場のメンバーの顔と名前を一致させることです。そうすれば、その人にすぐ取り次げます。居るか居ないかの判断もすぐにつきます。

そして職場のメンバーの動きをつかんでおくこと。会議中なのか、外出なのか、何時に戻るのかなどです。もし、自分のチームで行先を告げずに出ていく人がいたら、何時ごろ戻るのかだけでもしっかり聞いておくことをお勧めします。この2点を押さえられれば、電話応対の半分はクリアできたことになります。

次に押さえるポイントは、電話が鳴ったらすぐにメモが取れるように筆記用具とメモ用紙を身近なところに用意しておくことです。名指し人がいなくて伝言を受ける段になって「ちょっとお待ちください」では格好がつきません。気をつけましょう。

最後に忘れてならない大切なポイント。それは電話に出たあなたは「会社の代表だ」ということです。あなたの一声、一言が会社へのイメージを作り、信用を作ります。受けた電話は最後まで責任を持って応対しましょう。

ここからは応対の流れとそれに応じた言い回しを覚えればOK。その場の状況に応じた言い方をしっかりマスターしていきましょう。

図表12　電話応対の流れ★

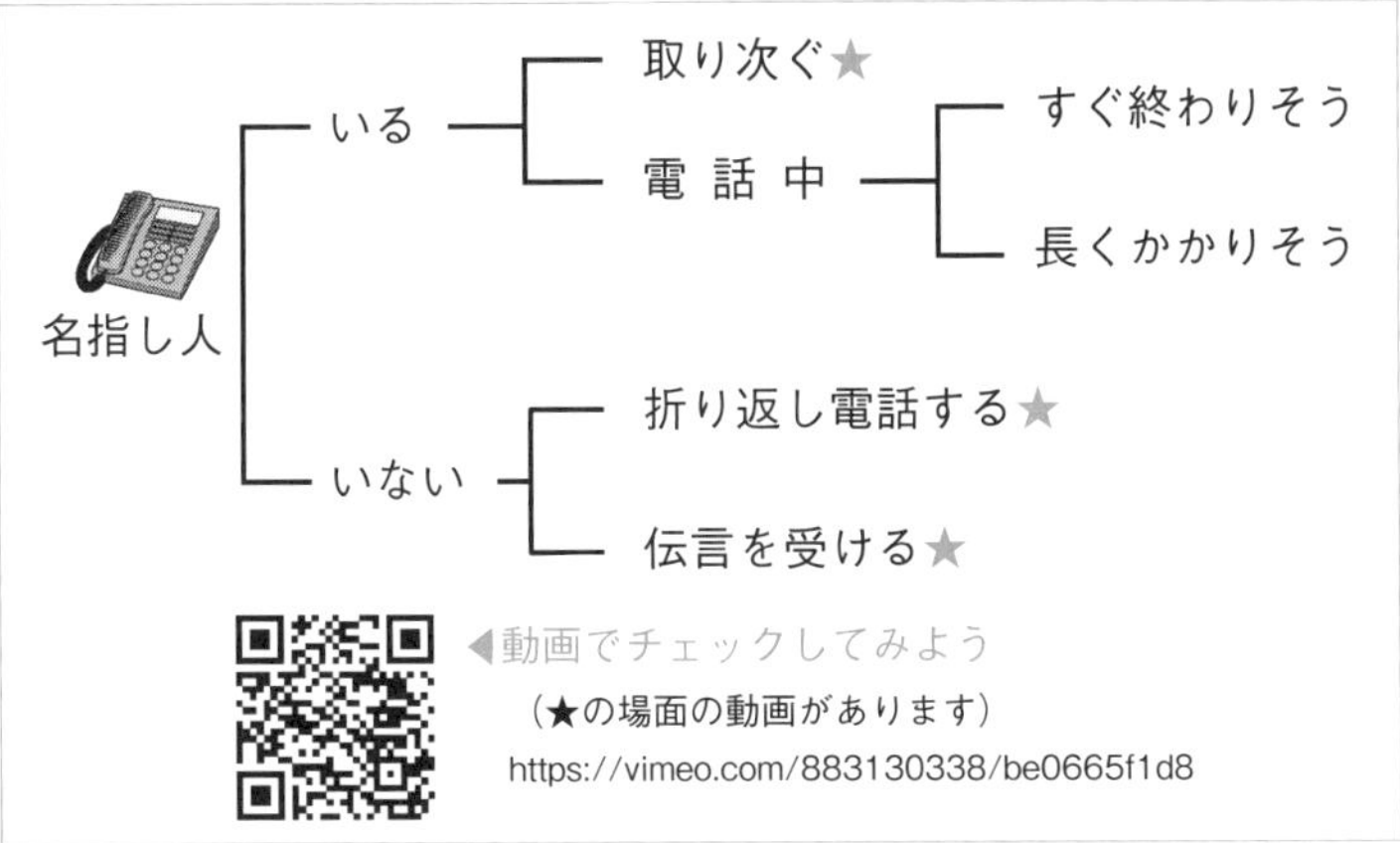

●電話応対の流れ

電話が鳴ったら、2コールまでに出ます。電話に出る時はいつもより一音高い声で出ましょう。その時メモがとれるように準備をしておきます。

朝11時ころまでは「おはようございます。○△会社でございます」というように朝の挨拶＋会社名を名乗ります。それ以降であれば「はい、○△会社でございます」と名乗ります。「はい」と入れることにより、電話が繋がる瞬間の間を無くし、○△会社が「△会社でございます」とならないようにします。

電話に出るのに万一3コール以上鳴って待たせてしまったら「お待たせ致しました」、5コール以上鳴ってしまったら「大変お待たせ致しました」と気持ちを込めて言いましょう。

電話応対のおおよその流れは図表12のようになります。名指し人の状況によって対応が変わります。名指し人が席に居れば電話をかけてきた人に「少々お待ちください」と言って名指し人に取り次ぎます。「山田さん、九重電機の川口様から2番にお電話です」というようになります。

居ない場合には「申し訳ございません。山田はただいま席を外しております」というようにまず、名指し人の不在を詫びて、名指し人の状況を伝えます。覚えて欲しいのがここで使っている「席を外す」という表現です。これは、名指し人は社内にいて15分位すれば戻ってくる状態を指します。ですから、外出や会議中のときには使えません。外出なら「申し訳ございません。山田は只今外出しておりまして、3時に戻る予定になっております」という応対になります。

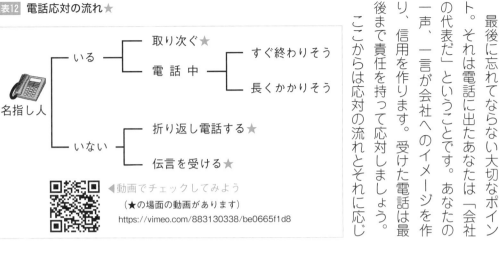

①名指し人に取り次ぐ場合（図表13）

どこの誰からの電話かを取り次ぐ人に伝えることがポイントです。「山田さん、小柴運輸の八田様から…」とはっきりとかけてきた相手は誰かを伝

図表13 取り次ぐ場合の流れ

電話に出る

ベルが鳴ったら２コールまでにでる。メモの用意。
一音高い声で出る。

↓

会社名を名乗る

11時ころまで「おはようございます。○○会社でございます」
それ以後は「はい、○○会社でございます」と名乗る。

↓

相手を確認する

「○○会社の○○様で**いらっしゃいますね**＊1」と確認
「いつもお世話になっております」と挨拶。

↓

名指し人を確認する

「○○課の○○で**ございますね**＊2」と確認。
「少々お待ちください」と言って保留にする。

↓

取り次ぐ

名指し人に掛けてきた人の会社名、部署名、名前を伝える。

挨拶する

名指し人は「お電話代わりました。○○です」と名乗る。

＊1、＊2…相手に対しては「いらっしゃいますね」自分の側は「ございますね」となるので注意する。

図表14 折り返し電話をする場合の流れ（例）

電話に出られない理由を言う

○○ですね。申し訳ございません。
○○は只今席をはずしております。

↓

すかさず次の言葉を言い、相手の意向を確認

よろしければ、こちらから折り返しお電話をいたしましょうか?

↓

おそれいりますが、念のため電話番号をお願いできますか？

↓

復唱確認する

(電話番号)、(会社名)、(所属と氏名)様でいらっしゃいますね。

↓

私、○○と申します。○○に確かに申し伝えます。

終わりの挨拶をする

失礼いたします。お電話ありがとうございました。

伝言メモを作成する。
誰宛の伝言メモか、どこの誰からの伝言か、
正確に内容を分かりやすく書く。
メモを受けた人の名前、電話のかかってきた時間も書く。
すぐに名指し人の席の分かりやすいところに置く。

えることで、名指し人は「先日はご契約いただいてありがとうございました」というように会話をスムーズに始められます。

②電話中の場合

すぐに終わりそうかどうかを判断します。「…それではまた…」「はい、では次回お持ちしております。ありがとうございました」のように会話が終わるフレーズがあれば「山田は只今電話中ですが、間もなく終わりそうです。少々お待ちいただけますか」と一声かけることもできます。但し保留音を聞いて待てるのは15秒位が限度です。待たせっぱなしにしないように名指し人の動向に注意を払いましょう。相手が急ぎの場合や長く待たせてしまう時は折り返し電話をするようにします。

③折り返し電話をする場合（図表14）

名指し人不在の場合、短時間で席に戻る時には折り返し電話をするように働きかけると良いでしょう。「恐れ入りますが、念の為電話番号をお願いできますか？」と言って電話番号をメモ

知恵袋

相手との連絡にメールを始めとした様々な通信手段が使われますが、電話は今もビジネスでは欠かせない存在です。電話応対嫌いにならない秘訣をお伝えしましょう。

電話応対の相手が見えない難しさをお話していますが、言ってみれば電話応対も相手との言葉のキャッチボールです。

「こちらの会社名を名乗り」「相手が自分の名を名乗る」「相手が名指し人を伝え」「こちらが名指し人の状況を伝える」…というやり取りをしています。従って、相手と自分のペースを作っていくことが大切なのです。

例えばメモを取る時に書きながら、

「次回の５社会議の定例会は」

「はい」

「５月25日」

「はい」

と少し小さな声で合いの手を入れることで、相手は「今ここまで書いた」ということが分かり、受話器越しに相手のペースを感じることが出来ます。キャッチボールで言えば、そろそろ投げ返しても大丈夫ということが分かりますから、自然と２人のペースを作っていくことが出来るのです。

メモを取ることに集中してしまいずっと無言でいると、相手と自分のペースを合わせることが出来なくなるのでご用心。

図表15　戻るのに時間がかかり、代わりに伝言を聞く場合の流れ（例）

電話に出られない理由を言う

○○ですね。申し訳ございません。
○○は只今外出中で○時頃戻る予定になっております。

↓

こちらからの提案を伝える

私○○と申します。よろしければ、ご用件を承りますが…

↓

復唱確認する

それでは、復唱させていただきます。～ということでございますね。

↓

かしこまりました。それでは、○○に確かに申し伝えます。

↓

終わりの挨拶をする

失礼いたします。お電話ありがとうございました。

伝言メモを作成し、名指し人の席に置く。

します。かけてきた相手が取引先でよく知っている人かどうかあなたには分からないかもしれません。そこで「念の為」という言葉を付け加えて番号を教えてもらうと良いでしょう。

電話番号を聞いたら復唱して聞き間違いがないかを確認します。

④伝言を受ける場合（図表15）

これが一番難しいかもしれません。名指し人が席に戻るまで時間がかかる場合には「挨拶＋不在」を告げて「私○○と申します。よろしければ伝言を承りましょうか？」と言います。伝言するかどうかはあくまでも相手の意向に沿います。無理に聞き出す必要はありません。

伝言を受けたら、内容に間違いがないか復唱して確認します。この確認の時に自社に関わることは謙譲語を、相手に関わることには尊敬語を使うことを忘れないようにしましょう。

●電話をかける時のコツ

入社間もないころの電話を受けるばかりだった時と違い、電話をかけるようになると、ビジネスパーソンとして一歩前進したような気がするものです。スマートなかけ方をマスターしましょう。

まず大切なのは電話をする前の準備です。相手の電話番号、所属、役職、資料、何を話すのか等、抜けることの無いように準備します。特に用件に抜けていることがあると、電話を切ってから「あっ、場所を言うのを忘れた」ということになりかねません。電話を切ってすぐにかけ直していては格好がつきません。

電話をかける時に注意するポイントは次のとおりです。

①かける時間

始業直後、昼休み前後15分位、終業直前は案外バタバタと落ち着かない時間帯ですので、避けた方が良いでしょう。また週末等の休み前、休み明け直後も避けた方が良いでしょう。

②話の内容が長くなりそうな場合

「話を始める前に「10分位お時間を頂けますか」等のように相手の都合を確認してから話の本題に入りましょう。

③使う言葉、話すスピード

耳で聞いた言葉だけで判断しますから、分かりやすい表現で話しましょう。例えば、数字の「一（イチ）」と聞き間違いやすい「七（シチ）」を「ナナ」へ言い換える、日にちの場合は「あさって」というよりは具体的に「〇月〇日」と言うと間違いは少なくなります。

また話すスピードは相手に合わせます。特にメモを取ってもらう場合などは少しゆっくりと話すと良いでしょう。

④電話の切り方

最後に電話を切るときは原則としてかけた方から切ります。受話器をいきなり置くのではなく、フックで切ってから置くようにすると、ガチャッという不快な音を相手に聞かせなくて済みます。

●電話応対様々なケース

①一度で聞き取れなかった

「恐れ入りますが、もう一度おっしゃっていただけますか？」

②相手の声が小さくて聞き取りにくい

「申し訳ございません。少々お電話が遠いようなのですが…」

③雑音で聞き取りにくい

「申し訳ございません。回線の具合が悪いようですので、こちらからかけ直します。よろしいでしょうか」

④話の途中で切れた場合

原則としてかけた方がかけ直します。「急に切れてしまい、申し訳ございません」「回線の具合が悪かったようで失礼致しました」等とお詫びの言葉を添えてから、話を続けましょう。

●スマートフォンのテクニック

いつでも直接本人と話せる便利なツールですが、それがまた迷惑ツールになる可能性もありますから、ポイントを押さえてスマートに使いこなしましょう。

●スマートフォンにかける時

①場所を選んでかける

声が聞こえやすい静かな場所から電話するようにします。かけ直す二度手間にならないように注意しましょう。

②相手の都合を聞く

どこに居ても繋がるだけに、話せる状態かどうかをまず確認します。

本題に入る前に必ず「今お話しして大丈夫ですか?」「今お話し出来ますか?」と一声かけましょう。

●スマートフォンにかかってきた時

①電話を受ける

「はい、○○でございます」と自分を名乗ります。その後「先日はありがとうございました」「いつもお世話になっております」等と挨拶します。

受けた時は止まって話せる静かな場所に移動します。歩きながらの電話は注意が周囲まで及ばず、人にぶつかってしまったり、車にぶつかりそうになったりする危険があります。

②状況を伝える

相手がこちらの都合を尋ねなかった時には「申し訳ありません。今電車で移動中です。10分後にかけ直してもよろしいでしょうか」というようにこちらの都合を伝えます。

電話応対の基本をみてきました。いかがでしたか? 次ページのチェックリスト（図表16）でもう一度確認しましょう。

ここでは一般的な電話応対の方法についてまとめましたが、それぞれの職場で決めている応対のルールもあると思います。例えば電話に出た時に「はい、下田輸送、小松でございます」と自分の名前を言う、名指し人がいない場合の伝え方で「会議中」は使わない等です。各職場で考えられたものですから、その場合はそのやり方を優先させましょう。

電話応対の特徴を理解し、状況に応じた言い回しに早く慣れて、ビジネスで電話を使いこなしましょう。

ここがポイント！　レベルアップ　一語一語をハッキリと分かりやすい言葉で伝える

電話応対で難しいのは、顔が見えない上に声だけで相手の状況をつかみ、手際よく応対する必要があることでしょう。さらに機械を通した声での応対になるので、くぐもった声になりやすく、相手には聞き取りにくくなります。従って「電話に出る時に一音高く出る」というのは、相手にハッキリとした声を届けるためのものなのです。

以前の職場で低い声でしかもモゾモゾ話す新人がいて、いつも「地獄の門番の声になってるぞ」と注意が飛んでいました。

特にマスクをしている時は一語一語をハッキリとマイク（送話口）に向けて話さなければ、何を言っているのか分かりづらくなります。また、「私立」「市立」等耳で聞いただけでは分かりにくいものは「ワタクシリツ」「イチリツ」のように言い換える工夫もしましょう。

図表16 電話応対のチェックリスト　～練習の成果を確認しましょう～

	＜受ける電話＞チェック項目	○×△
1	「はい！」と、はきはき明るい声で電話に出たか。	
2	社名を丁寧に名乗ったか。	
3	電話に出たときにメモの準備ができていたか。	
4	相手の名前の復唱確認が出来ていたか。	
5	お客様への言葉遣いは適切だったか。	
6	相手が切ったのを確認してから受話器を置いたか。	
7	はきはきと迅速で、気持ちのよい応対だったか。	
8	【取り次げない】名指し人の不在を、お詫びできたか。	
9	【取り次げない】お詫びの言葉は、「申し訳ない」気持ちを込めて言えたか。	
10	【取り次げない】すぐに提案（伝言を承る、折り返すなど）ができたか。	
11	【取り次げない】伝言内容を正しく聞きとれていたか。復唱したか。	
12	【取り次げない】受けた自分の名前を名乗ったか。	

	＜かける電話＞チェック項目	○×△
1	電話をかける準備をしたか。（話す内容・必要になる資料）	
2	自分の社名・名前を丁寧にゆっくり名乗ったか。	
3	「いつもお世話になっております」の挨拶を忘れなかったか。	
4	明るく印象のよい声だったか。	
5	電話をかける姿勢は正しかったか。（背中が丸まっていないか、肘をついていないか）	
6	お客様への言葉遣いは適切だったか。（尊敬語、謙譲語の間違いはないか）	
7	クッション言葉が使えていたか。	
8	相手の時間も使っているという気持ちで、簡潔に要領よく話したか。	
9	2、3秒待ってから静かに受話器を置いたか。	

ここがポイント！　レベルアップ

相手にどう話しかける？

学生時代の授業も就職活動もリモートで行うことの多かった世代の人は、対面して話す時にどう切り出していいのか、いつ話しかけていいのか迷うと聞いたことがあります。

仕事中であれば話したい人のそばに行って「失礼します」とまず声をかけてみましょう。元気の良さを伝えようと大声で言い過ぎないことがポイントです。仕事中の人もこのように声をかけられれば、一旦手を止めてあなたを見ます。そうしたら「今お時間よろしいでしょうか」「今5分位お時間頂けすか」あるいは「○○の件についてお話があるのですが…」と何をして欲しいのかを伝えればＯＫです。

また、通勤途中の信号待ちで上司と一緒になったら、「おはようございます」と挨拶を、エレベーターなら「お疲れ様です」と会釈して声をかけましょう。

5 来客応対と訪問

●出会ったあなたが応対者

来客の応対というと何かとても改まった感じがするかもしれません。しかし、事務所スペースで社外の人を見かけて対応する場面があれば、それが来客応対となります。

私が初めて訪問した企業でのことです。エレベーターを降りるとそこはドーム型の天井に星空が描かれ、とても綺麗なものでした。思わず足を止めて見てしまいました。

次のエレベーターが来て何人かの人が通り過ぎて行った時、「どこかお探しですか？」と部長と思しき人から声をかけられました。足を止めていたので、迷っていると思われたのでしょう。まさか天井を見ていたとも言えませんので、「○○部はどちらでしょうか？」と返事をして、案内をして頂きました。

このように気づいた人が声をかけて対応することも来客応対です。年齢、役職に関係なく声をかけて対応されるのは素晴らしいと思いました。企業の安全対策、機密漏れを防ぐ意味からも、何か迷っている素振りの人や訪ねてきた人、社員ではない人を見かけたら声をかけることは大切です。

来客への応対は気づいた人がすぐに行動することが秘訣です。そして礼儀正しく、親切・丁寧に応対します。どの人も会社にとっては大切なお客様です。知り合いにだけ丁寧に応対するのではなく、誰に対しても公平に応対しましょう（図表17）。

それでは社外の人にどのように応対するのが良いでしょうか？　ここで来客応対の基本を学んでいきましょう。

●応対の流れとポイント

図表18を見てください。訪問者の行

図表17　来客応対の心がまえ

❶気づいた人が応対者
…お客様をお待たせしない
❷礼儀正しく
…お客様を尊重する
❸親切・丁寧に
…行動に一言添えて
❹迅速・確実に
…行動はテキパキと、正確に聞き取る
❺公平に
…お客様は会社にとって大切な人。
知り合いだけ丁寧に対応したりしない

動と応対者の行動を比べてみると流れがよく分かると思います。

①受付

気づいた人がすぐに立って、お客様のそばまで行き、笑顔で「いらっしゃいませ」と挨拶をします。訪問者が会社名、氏名、名指し人、約束の有無などを言われたら、復唱確認します。

この時名刺を出されたら、両手で受け取り、後で名指し人に渡します。

②取次ぎ

座って待てる場所があれば「こちらにおかけください」と言って座って頂き、なければ「少々お待ちください」と言ってその場で待って頂きます。

名指し人の所へ行き、「3時にお約束の○○社の○○様がお見えになりました。いかがしましょうか?」とお客様がいらっしゃったことを知らせて、名指し人の指示を待ちます。この時、受けとった名刺があれば渡します。

来客の訪問を内線で知らせる場合も同じように伝えますが、お客様に聞こえていることを忘れずに、丁寧に話すことを心がけます。

③ご案内（左ページイラスト）

名指し人の指示を聞いてお客様の所に戻ったら、会釈をして「お待たせ致しました」と声をかけます。そして「応接室へご案内します」「会議室へご案内します」等と名指し人の指示した場所に案内します。

ここで大切なのが「どこに案内するか」をお客様に的確に伝えることです。目の前に見える打ち合わせスペースであれば「どうぞこちらへ」と案内すれば良いでしょう。階段やエレベーターを使う場合には「5階の会議室へ…」と行く先をはっきり伝えます。黙って「こちらへどうぞ」だけではお客様はどこに連れていかれるのか不安を感じますから注意しましょう。

案内する際の歩く速さはお客様に合わせます。お客様の2～3歩先、斜め前を歩き、お客様が廊下の中央を歩けるようにします。曲がるときには「こちらでございます」と行く方向を手で指し示します。

ここがポイント！　レベルアップ

ご案内の時に大活躍するのが手の動きです。方向を示すのは勿論、距離を表すことも出来ますので、この機会にぜひマスターしておきましょう。

まず指をつけて手のひらをまっすぐにします。この時親指が離れやすいので注意します。手のひらを自然に上腕と同じ方向にします。

距離は腕の長さで表します。肘を曲げた状態は近くを、腕全体を伸ばした状態では遠くを示します。

ですから、応接室へご案内する時はお客様の顔を見て「応接室へご案内します」と声をかけて、「こちらへどうぞ」あるいは「こちらでございます」と行く先の手を肘までの長さで示します。

展示会等で遠くを示す時は、行く先を見て「あちらでございます」と腕を伸ばしてその方向を示し、お客様に顔を戻します。

最後に、左右どちらの手を使って指し示すかはお客様に対してオープンな位置になる方を使いましょう。

図表18 来客と訪問の流れ

応待者

❶ 受付
- 「いらっしゃいませ」と挨拶。
- 相手を確認し、名指し人を確認。

❷ 取次ぎ
- 「少々お待ちください」と言って椅子をすすめる。
- 名指し人の所へ行き、来客のあることを告げる。
- 名指し人の指示に従い、応接室へ案内する。

❸ ご案内
- 来客の所に戻ったら、案内先を告げて案内する。
- 来客の歩調に合わせて歩く。

❹ 応接室
- ドアをノックして空室を確認して部屋に案内する。
- 来客の座る上席の位置を手で示す。
- 来客が座るのを待って、部屋を辞す。
- 名指し人が入るのを確認してお茶を出す。（❹'）

❺ 見送り
- 気づいたら軽く会釈をする。
- 名指し人が見送る場合には案内した人は特に見送る必要はない。

❻ 後片付け
- 忘れ物がないかを確認する。
- お茶等を片付ける。
- 空気の入れ替えなどをする。

訪問者

（i）アポイントメントをとる
- 1週間位前までに日時を決める。

（ii）準備をする
- 相手企業の情報、現地までの行き方を確認。
- 打ち合わせに必要な資料、名刺を準備。

（iii）訪問する
- 上司、職場のメンバーに行き先と帰社時間を伝える。
- 遅くとも10～15分前には到着し、身だしなみチェック。
- 受付で会社名、名前を名乗り、訪問相手に取次ぎを頼む。
- 受付の人が戻ったらすぐに立つ。
- 受付の人の案内に従う。
- 案内の人の示す位置に座る。
- 指示がなければ末席に座って待つ。
- 名刺交換をして挨拶する。（iii'）
- 用件が終了したら、名刺、資料の順にしまう。
- 面談のお礼を言い、席を立つ。
- 名指し人の誘導に従い失礼する。
- 職場のそばであれば会釈しながら歩く。

（iv）帰社後
- 上司に面談の内容について報告する。
- 職場のメンバーに不在中の連絡事項を確認。
- 名刺、用件の整理をする。

❸ご案内のしかた

こちらでございます

- 曲がる時は手で方向を示す

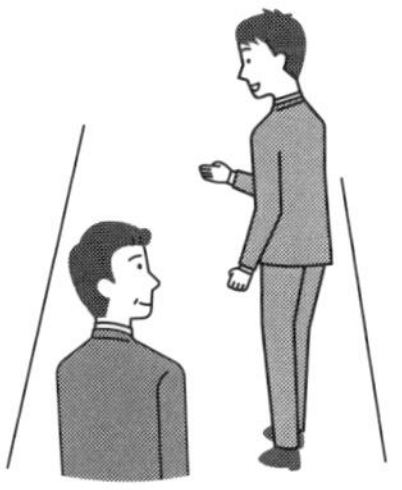

通路の歩き方
- 来客が通路の中央になるように歩く
- 来客の2～3歩ななめ前を歩く
- 行き先を示したら手は下げて歩く

エレベーターでは
- 中が無人の時は自分が先に乗り、ドアをおさえ「開」ボタンを押してお客様に乗っていただく
- 中に人が乗っている時は外でドアを押さえて、お客様に先に乗ってもらう

お先に失礼します

お先にどうぞ

④応接室（左イラスト）

目的の場所についたら、ドアを2～3回ノックして空室であることを確認します。ドアを開けて「こちらへどうぞ」と入室を促します。部屋に入ったら上席を示して「こちらにおかけください」と告げます。お客様が座られたら、「失礼致します」とお辞儀をして部屋を出ます。

ここで大切なのは、お客様に上席に座って頂くことです。上席は入り口から遠くて落ち着く席や景色の良い席等、配置上、最も良い席とされるものです。一般的な応接室の場合は、ドアから遠い席が一番上席、入り口に近い席が末席になります。お客様が一人の時はソファーの中央を勧めましょう。打ち合わせスペースが事務スペースに隣接している場合は、事務スペースから遠い所を上席とします。

注意しなければならないのは、訪問者は何も言われなければ末席に座るのが原則になることです。ですから、ハッキリと上席を示して「こちらへどうぞ」と案内することが大切です。

必要があれば名指し人に応接室へ案内したことを知らせます。

入室の際は、左イラスト④－1にあるように、内開き、外開きによって誰が先に入るか、入り方が変わります。いずれの場合もドアを持つ手をどうするかがスムーズに動く為のポイントになります。基本的にドアが壁に付いているほうに近い手でドアの開閉を行うと、体の動きが無理のない自然な動きになります。

④-1 部屋へお通しする時

- 手前に開くドアは外側のノブを持つ
- 中に開くドアは内側のノブを持つ

④-2 上席の位置

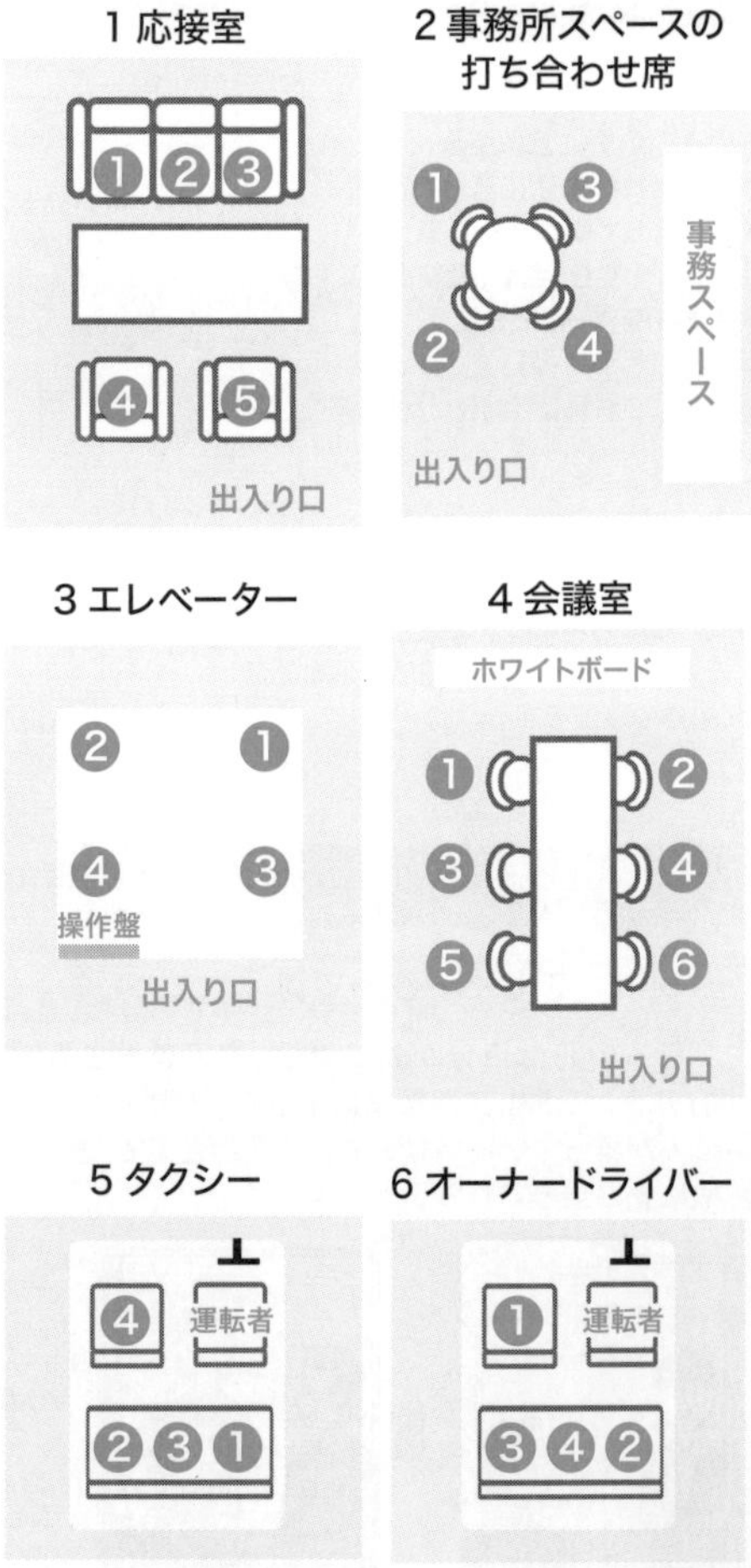

④お茶を出す（左イラスト）

最近ではお茶を出すことを省略したり、給茶機やペットボトルを使うことで代用したりすることも多くなってきました。しかし、急にお茶を出すことになった時に慌てずに済むように、一度やり方を確認しておくと良いでしょう。

特に気をつけたいのが茶碗の確認です。口に当たる部分に欠けているところが無いかよく確認しましょう。

出す時は面談の邪魔にならないようにします。書類に触れたり、書類の上に置いたりするのは厳禁です。

④' お茶を出す

- お茶は来客の右または左ななめ後方から来客の右手側に出す
- テーブル越しに出さない
- 書類の上に置かない
- 複数の時は上席から出す
- 退室の挨拶は静かに

日本茶

- 絵柄をお客様の正面に
- 茶托の木目は並行に

コーヒー・紅茶

- 取っ手は右、スプーンを前
- クリーム、砂糖は後方

- お菓子は左側に、お茶は右側に

応接室のサイドテーブルまたは末席の机の端にお盆を置き、上席者から順に一客分ずつ置く

ここがポイント！　レベルアップ

打ち合わせ後が次への準備

来客後はお客様が帰られてからの対応がポイント。片づけはお客様を案内した人だけでなく、応対していた人こそ注意を払いたいものです。

お客様の中には換気を気にされる方もいらっしゃるので、打ち合わせ後の換気は勿論のこと、打ち合わせ中も可能であれば空気の入れ替えをしながら部屋を使いましょう。できれば2方向を開けるか、ファンを置いて空気のとおりを良くすると良いでしょう。

打ち合わせ終了後には、出したもの、使った道具を片付けたら、テーブルを除菌効果のあるもので拭きます。その他、念のために人の手が触れた部分も同じように除菌効果のあるもので拭いておきましょう。

後は部屋全体を見渡して、空調、明るさを確認します。「この会議室は午後には日差しが強くなる」等自社の応接室の特徴を掴んでおけば完璧です。

⑤お見送り（左イラスト）

お見送りは玄関までが一般的ですが、高層ビルなどの場合にはエレベーターホールまでで良いでしょう。名指し人がエレベーターを呼び、お客様に乗って頂きましょう。

先輩からこんな話を聞いたことがあります。社長秘書まで務めた人の駆け出しのころの話です。

その日は朝から目の回るような忙しさだったそうです。上司に代わりエレベーターまでお客様を見送ることになりました。ボタンを押してエレベーターを呼び、お客様に乗って頂き、丁寧にお辞儀をしました。扉が閉まったので「もういいだろう」と思い急いで仕事に戻りかけたところ、突然エレベーターの扉が開いたのです。中には先程お送りしたお客様が…。せっかくここまで丁寧な応対をしていましたが、最後に慌てている姿をお客様に見せてしまいました。

先輩からの一言。「エレベーターは動き始めるまでその場に居るように」

⑥後片付け

お客様が帰られたら、速やかに片づけをしましょう。次への準備になることを忘れないでおきましょう。

まず忘れ物が無いかを確認します。それから出したものを下げ、部屋に汚れが無いかを確認します。特に空調やブラインドの調整も忘れずにしましょう。忘れがちなのがカレンダーや時計の調整です。折々に適切なものになっているか、チェックが必要です。

いかがでしたか。来客を受け付けてから部屋の後片付けをするところまでを流れに沿ってみてきました。商談や会議が円滑に進むように、応対の基本を確実にマスターして、スマートな対応をしましょう。

⑤お見送りする

エレベーターまで

お見送りは玄関までが一般的

高層ビルなどではその階のエレベーター前まで。いずれもドアの前でいったん挨拶をする

玄関まで (1)

ドアを開けてさらに挨拶

ドアを押さえたまま挨拶をする

玄関まで (2)

見えなくなるまで待機する

必要に応じてお辞儀をしたり、しばらく立って見送りを続ける

車の場合

ドアを閉める時はあまり強く押すと大きな音がするので気をつける。角を曲がるまで立って見送る

●訪問の流れとポイント

これまで見てきた来客応対で、訪問した先でどのように進んでいくかが理解できたと思います。次はそれに対応した訪問者側の動きを確認しましょう。

(i)アポイントメントをとる

相手を訪問する一週間前までには約束をします。日時、用件、所要時間、人数を伝えます。こちらでも何日か候補日を出しておきますが、なるべく相手の都合にあわせます。

(ii)準備をする

利用する交通機関と所要時間を調べておきます。名刺、必要書類などの準備をします。

(iii)訪問する

【受付で】

現地には当日の約束時間の遅くとも10分から15分前までには着き、身だしなみを整えます。玄関を入る前にコート等は脱ぎ、片手にまとめます。

受け付けた人に会社名、氏名、名指し人、約束のあることを告げます。応対者が戻ったら、案内に従って行動します。移動の際はキョロキョロしたり、案内の人と無駄話をしたりせずに歩きましょう。

【応接室で】

部屋に案内されたら、進められた席に座ります。打ち合わせに必要な書類と名刺を準備して相手が来るのを静かに待ちます。

相手が入ってこられたら、さっと立ち、挨拶をします。

名刺は訪ねたほうから出します。名刺は小さいものなので、注意して取り扱いましょう。基本的には両手で扱います。最近よく行われる同時交換の場合、相手に差し出す時には一瞬片手で扱うことになりますが、相手の名刺を左手に受け取ったら、すぐに右手を添えます（左イラスト2）。印刷してある部分を押さえないように注意します。持つ位置は胸の高さで、動くときもこの高さを維持するようにしましょう。面談中、名刺は名刺入れの上に乗せてテーブルの上に置きます。

お茶は相手に「どうぞ」と勧められてから口をつけます。

名刺交換のポイント((iii)')（同時交換の場合）

- テーブルなどのない所で立って行う
- 相手に名刺を渡しやすい距離をとって立つ
- 指をそろえ、名刺の余白に親指を掛けるときれいに差し出せる

1 名乗る

- 名刺は相手に正面を向け、胸の高さに両手で持つ
- 訪問者の方から、社名、部署名、フルネームを名乗る

2 名刺を交換する

- お互いが名乗り終わったら、名刺を右手で持ち、相手が左手に持っている名刺入れの上に差し出す
- 受け取ったらすぐに右手を添える

3 改めて挨拶をする

- 30度のお辞儀をして改めて挨拶をする
- 読めない字はここで聞く
- 名刺は常に胸の高さをキープして持つ

◀ 動画でチェックしてみよう
https://vimeo.com/883132365/a11e8d76f6

来客・訪問

【帰る時】
立つ前に名刺、書類の順にしまいます。立ち上がって挨拶をします。
コート等は訪問先の玄関を出てから羽織りましょう。

【帰社後】
上司に面談について報告します。職場のメンバーにも帰社を告げて、いなかった間の連絡事項が無いかを確認します。

頂いた名刺や書類の整理をします。

来客応対と訪問の仕方を平行してみてきました。この2つの項目は、相手の動きに合わせて応対します。自分がどちらの立場になっても適切な行動がとれるように、両方を対比して覚えて、スムーズな動きで応対出来るようになりましょう。

図表19 来客応対・訪問時のチェックリスト

【受付時】来客時・受付者チェックリスト

	チェック項目	○×△
1	笑顔ではっきり挨拶できていたか。	
2	お辞儀はきれいにできていたか。	
3	お客様の名前と名指し人の復唱確認はできていたか。	
4	約束の有無を確認したか。	
5	名指し人への確認からお客様のところへ戻るまで、すばやく気持ちのこもった行動ができたか。	

【打合せ中】応対者・訪問者チェックリスト

	チェック項目	○×△
1	姿勢とお辞儀は適切だったか。	
2	名刺はスムーズに出せたか。	
3	相手の名刺を胸の位置で「頂戴いたします」と言って、両手で受け取っていたか。	
4	訪問者は、時間をとってもらったことに対するお礼を述べたか。	
5	立っての挨拶、着席、お茶をいただく（勧める）タイミングは適切だったか。	
6	訪問者は、名指し人の部署・名前を伝え、約束の有無を伝えたか。	

お茶の出し方チェックシート

	チェック項目	○×△
1	お盆を持つ高さは胸の位置だったか。	
2	お客様が複数の場合、上席から出したか。	
3	お茶は、お客様の右手側に静かに置いたか。(基本)	
4	茶碗の絵柄は正面だったか。	
5	お茶を出した後、空のお盆は脇に持って挨拶したか。	

知恵袋

商談や会議中にお茶を出すのは、緊張しますし、茶器の重さもあってなかなか大変です。

部屋の中にいる自社側の人もスムーズにお茶出しが出来るように心配りが必要です。例えば書類が広がっている場合には少しよけてお茶を置くスペースを空ける､部屋の配置でお茶が置きにくい場合には､代わりに置く等の配慮が必要です。

お茶を出される側もこの状況を理解してお茶を出されたら、出してくれた人に軽く会釈をして、ありがとうの気持を伝えましょう。

ここがポイント！　レベルアップ　人と新しい関係を作る時のヒント　相手との2つの距離感を掴む

SNSやオンライン会議など直接相手と対面せずにコミュニケーションがとれる影響か、対面の場で人との距離感を上手く掴めずに戸惑う人がいらっしゃいます。仕事をスムーズに進める為にも、次の2つの「相手との距離感」を掴んでおくと便利です。

★物理的な距離感

まず自分の身体感覚を確認しましょう。壁の前で両腕を前に出して、手の先が壁に着くかつかないかの位置にまっすぐに立ってください（Ⓐ）。その位置の足元に何か印をしておきます。次に腕を軽く曲げて(15～20度位)同じように指先が壁に付く位置（Ⓑ）を確認します。このⒶとⒷの位置を身体感覚で掴んでおきましょう。

人にはそれぞれこれ以上近づいて欲しくない領域があります。大まかですがこの両手を伸ばした範囲（Ⓐ）が前後左右含めて、個人的な領域になります。

壁の向こうに同じように両手を前に出した相手がいると考えてみてください。書類を手渡したり、直接何かを聞いたりする時などは、Ⓐの領域に入らなければなりません。従って真正面を避けた斜め前辺りから相手に近づいて、まず「失礼します」と声をかけて用件をきりだす、相手に見える位置から近づく等の工夫が必要になります。

また両手を少し曲げた時の距離（Ⓑ）は名刺を交換するのにちょうど良い立ち位置です。さっと相手の前のこの位置に立つと、スマートに名刺交換を行うことが出来ます。慌てて立ち位置を修正せずに済むように、早くこの距離感を掴みましょう。

★心理的な距離感

次に掴むべき距離は相手との心理的な距離感です。これはコミュニケーションの取り方—主に言葉遣いと表現方法で変化します。

社会人の必須事項として敬語を学びますが、学んだ基本どおり一辺倒で話していたのでは堅苦しく、相手との距離感はいつまでも縮まりません。もちろん初対面の人に学生言葉やバイト語を連発していい訳ではありませんが、何回か話す機会が増えてくれば、少し柔らかい言い回しも必要になります。

「こちらでお願いいたします」→「これでお願いします」

さらに相手との距離感が縮まってくると、答えたくない質問や答えにくい内容の質問が出てくることがあります。こういう時には表現を工夫しましょう。「答えたくありません」ときつい口調で言い返しては仕事上築いたこれまでの関係が崩れてしまうかもしれません。「それはノーコメントということでお願いします」「難しい事をお聞きになりますね。困ったなぁ」とやんわりと切り返しましょう。この時声の表情やトーンに気をつけます。特に語尾を強く言うときつく聞こえますから注意しましょう。

反対に相手が答えにくいかもしれない事項を仕事上聞く必要がある時には「仕事上（契約上）お聞きしなければならない事項なのですが…」「少し答えにくい内容になるかもしれませんが…」「少々立ち入った事を伺いますが…」とクッションを入れて、相手に事情を説明してから本題に入りましょう。

気をつけたいのは相手と「早く親しくならなければ」と思うあまり、「推し」はいるのか、どこに住んでいるのか等々初対面の時から個人的な事柄の質問をしてしまうことです。直接仕事に関わらない事には触れません。「製品にはどういう特徴があるのか」「どういうメリットで勧めるのか」等仕事に関連することや季節や今世間で話題になっている事項にとどめます。

相手との心理的距離感を段階を踏んで上手に縮めて仕事上の良い関係を結んでいきましょう。

6 ビジネス文書

●ビジネス文書を活用する

ビジネスでは正確でスムーズな情報のやり取りが欠かせません。その手段としてビジネス文書が使われます。

ビジネス文書にすれば、正確に相手に情報を伝達することができますし、一度に大勢の人に知らせることも可能です。また、記録・証拠として残すこともできます。ビジネス文書は組織を代表する意思表示となることも覚えておきましょう。

ビジネス文書は、大きく分けて対外的に出される社外文書と社内間で使われる社内文書に分かれます。社外文書のうち社交文書は儀礼的な要素が強くなります。

●文書作成の際に押さえるポイント

分かりやすく正確にこちらの意思を伝える為に文書作成上のルールを活用して作成します。

①様式に従って書く

決められたフォームを使って作成する。

②正確に書く

記録、証拠にもなるため、内容が正しいか、誤字脱字は無いか、宛先の会

図表20 社外文書　基本フォーム例

文書番号
発信日付

受信者名（社名）
（職名・氏名・敬称）

発信者名（社名）
（職名・氏名）㊞

件名

（頭語）■（時候の挨拶）（日ごろの感謝の意）□□□□□□
■さて、（本文が続く…）□□□□□□□□□□□□□□□□
□□□□□□□□□□□□□□□□□□□□□□□□□□□□
■まずは、（終わりの挨拶）□□□□□□□□□□□□□□□
（結語）

記

1．□□□□□□□□□□□□□□□□
2．□□□□□□□□□□□□□□□□
3．□□□□□□□□□□□□□□□□

なお、□□□□□□□□□□□□□□□□□□□□□□□□□

同封物　○○○○○　1部

以上

担当者名
連絡先

図表21 社内文書　基本フォーム例

文書番号
発信日付

受信者名
（役職名、社員各位等）

発信者名
（役職名）

件名

■（本文が続く…）□□□□□□□□□□□□□□□□□□
□□□□□□□□□□□□□□□□□□□□□□□□□□□□
□□□□□□□□□□□□□□□□□□□□□□□□□□□□
■□□□□□□□□□□□□□□□□□□□□□□□□□□

記

1．□□□□□□□□□□□□□□□□
2．□□□□□□□□□□□□□□□□
3．□□□□□□□□□□□□□□□□

以上

担当者名
連絡先

※用紙の大きさに合わせて、全体のバランスを整えて作成する

社名、氏名に間違いはないかを確認する。

③簡潔にまとめる

一件一文書。結論を先に、一文を短く書く。箇条書きも活用する。

④明瞭な表現

分かりやすい表現を用い、慣用表現も活用する。

⑤敬語を使って形式を整える

特に社外文書は敬語を使い、失礼のない文章にする。社内文書は必要最低限の敬語で良い。

●基本フォームを理解しよう

社外文書は図表20、社内文書は図表21の形式が一般的なフォームになります。それぞれの違いを覚えましょう。

●出す前に確認すること

その文書にふさわしい封筒や筆記用具を使います。例えば案内文のように大勢に知らせる時は、印刷した文書に社用封筒で構いませんが、儀礼的な内容の文書、例えば挨拶状などの場合は縦書きにして、白封筒で出す方が相応しいでしょう。

また、左記のように、封書の内容に注意を払って欲しい時に使える言葉も知っておくと便利です。縦書きでは表書きの左下に、横書きは右下に書くと良いでしょう。

・親展……宛名の本人以外は開封不可
・重要・至急・請求書在中など……文書の内容に関して注意を促す

どのような文書でも必ず読み直して、文書の内容、誤字脱字、宛名、住所等が違っていないかを確認します。最後に上司の許可が下りてから発信しましょう。なお、発信の際には相手に届く日数も考慮して、最適な発信方法をとるようにしましょう。

知恵袋

◎どの手段を使って連絡するかであなたのビジネスセンスが光る

ここまで見てきたように、相手との連絡手段は色々あります。それぞれの特性を理解して活用しましょう。

例えばすぐに連絡がつけられるからと何でもメールや電話だけで用件を伝えるのでは失礼です。丁寧な文書でまず依頼して、その後電話で連絡を取る。打ち合わせ日程を電話で決めて、事前にメールで資料を送っておくなど組み合わせも考えて活用しましょう。

初めての客先訪問後に、はがきですぐにお礼状を書くようにしている営業担当者もいます。手書きの書面から気持ちが相手に伝わります。

どの連絡手段をどのように使うかでその人のビジネスセンスが問われます。

宛名の書き方

●役職者あてに出す場合	
個人名が不明の場合	総務部長様
一般的な場合	総務部長　○○○○様
長い役職名は2行に	マーケティング第一部 部長　○○○○様

＊できるだけ相手の名前を調べて書くようにする

●団体あてに出す場合
○○○○会社御中
○○○○会社○○部御中

●ビジネス文書の取り扱い

①席を立つ時は裏返す

上司に呼ばれたり、ちょっとコピーを取ったりする短い時間でも、機密保持の意味から、書類の取り扱いは気をつけます。PCの場合はスリープにするか閉じます。

②廃棄する時はシュレッダー

会社名、氏名等間違えたもの、余分になったものは、情報漏れにならないようにシュレッダーにかけます。

③書類を不必要に持ち出さない

書類やデータは社内での使用が原則。特別な許可が無い限り、社外に持ち出さないようにします。

●メールとFAX

どちらも短時間でやり取りが出来る点では文書に勝ります。しかし、機密保持の点では宛先の人物以外の人にも読まれてしまう可能性があるので、特に送信内容には注意が必要です。

【メール】

今やメールはビジネスに欠かせない存在です。通信環境が整えばどこからでも送受信できますから、手軽に活用できます。しかし紙の文書と違いその即時性ゆえに上司・先輩のチェック無しに送信する可能性も高いので、ポイントをよく理解して使うことが大切です。

国内であれば、出来るだけ就業時間内にやり取りが出来るように注意を払い、返信は当日、遅くとも翌日までには送信します。またメールの場合SNS等と違い、相手がメールを読んだかどうかが送信者には分かりません。従って回答に時間が必要な内容の場合は、メールを受け取ったこと、回答に要する日数などの目安をまず相手に伝えると良いでしょう。

メールの文面作成時のポイントをまとめてみました（図表22）。

❶**送信者**　アドレスでなく氏名が分かるようにしておくと便利。

❷**宛先**（To）　メール内容の対応をしてほしい人。アドレスで表示されることもある。

❸CC　情報を共有したい関係先に送る場合に使う。ただし送信先は絞る。BCCは宛先非表示で受信者にはメールアドレスは表示されないので、アドレスをオープンにせずに大勢の人に送る時には便利な機能。

❹**件名**　開封してもらえるかどうかに影響する。文書と同様、タイトルを見ればおよその内容が分かるようにつける。

例：【問い合わせ】振込先の確認

❺**添付資料**　同時に送る資料がある時に使う。容量が大きい場合は圧縮機能などを活用する。

❻**宛名**　本文冒頭には宛名を入れる。初めての相手には会社名、所属、役職なども略さない。

❼**挨拶**　文書のように丁寧に書く必要はないが、「いつもお世話になっております」「メールでのご連絡失礼致します」くらいは必要。社内であれば「お疲れ様です。○○についての連絡です。」

❽**引用**　∨　相手の文章を文中に引用する際の書き方。

図表22　メール　文例

❶ 送信者：南河一郎
❷ 宛先：小林由紀子
❸ CC：鍋川由美
送信日時：2024 年 11 月 21 日
❹ 件名：ショールーム地図のご送付
❺ 添付 : ショールーム地図（170.0KB）

---

❻ ○○○○株式会社
総務部長　小林　由紀子様
（CC：総務部　鍋川　由美様）

❼ いつもお世話になっております。△△△の南河です。

❽ > 25 日（水）15 時に伺います。

25 日にお越し頂けるとのこと、ありがとうございます。
私どもの新しいショールームの地図を添付でお送りいたします。
新感覚のショールームを色々と体験して頂きたいと思っております。

25 日 15 時にお目にかかれますのを楽しみにしております。
どうぞよろしくお願いいたします。

❾ 添付：新ショールームの地図

❿ ＊＊＊＊＊＊＊＊＊＊＊＊＊＊＊＊＊＊＊＊＊＊＊＊＊＊＊＊＊＊＊
株式会社△△△△
代表取締役　南河　一郎
〒 111-0000
東京都新宿区南新宿 3-9-16
電話：03-5636- △△△△　FAX:03-5555- △△△△
e-mail:Ichi-Minami@ ○○○ co.jp
携帯：090-2122- △△△△

❾添付資料名　相手に送った書類に間違いが無いかの送信確認にもなるので、資料名を入れると良い。

❿署名　あらかじめ会社名、部署名、氏名、住所、連絡先などを入れた署名を作っておくと便利。

この他、一般的に受信メールからそのまま返信を作成すると、本文下に受信メールが表示された状態で送信されます。こうしておけばどのような用件でやり取りしたかがすぐに分かるので大変便利です。ただし、それが長く続きすぎると容量ばかりが増えてしまうので注意が必要です。

またメールを受信した際には送信元や用件をタイトルで確認してから開封し、ウイルス感染などを起こさないように注意します。

最後にメール作成時に特に注意を払いたい点をお伝えします。

①本文の書き方

メールはＳＮＳなどと違いビジネス文書と同様に扱いますから、文章は句読点をつけて書きます。気持ちを伝えたいからと絵文字を入れることは厳禁です。文末には「。」を入れましょう。

また、分かりやすい文章にする為にも業界用語や略語を使わずに相手に分かりやすい表現にしましょう。

②件名のつけ方

仕事では一日に１００通を超えるメールを受信する人もいます。そうなると受信者は、仕事を円滑に進めるために送信者と件名で開封する優先順位を決めなければなりません。従って送信者はメールを開封してもらえるように具体的で分かりやすい件名をつけることが重要になります。

③署名の活用

あらかじめ署名を作成しておけば、毎回最初から自分の名前や会社名を書かずに済むので便利です。署名に必要な事項はＰ61に書きました。

基本的には名刺に書かれている内容があれば良いのですが、本文と区別するために記号などを使うことがあります。その際に気をつけたいのが、☆や♪、♡などを使い過ぎて華美にし過ぎないことです。あくまでも会社を代表したビジネス文書であることを忘れないでください。

以上のようなメールの特性を理解して活用しましょう。

【ＦＡＸ】

宛先の人にも発信する自分の側にも書類が残る点はメリットです。送信したら、着いているか念の為に確認すると良いでしょう（図表23）。

図表23 FAX 送信表　例

2024.12.20
原稿枚数：2 枚

宛　名：　フォーラム○○
　　　　　宴会課　ご担当　○○様
ＦＡＸ：　06-▲▲▲-▲▲▲▲

送信元：　○○物産株式会社　　　担当：山内
ＦＡＸ：　06-▲▲▲-▲▲▲▲

件　名：　○月○日宴会　席次の件

いつもお世話になっています。
先程ご連絡をさせて頂きました○月○日の
宴会の席次につきまして……

ここがポイント！　レベルアップ　一斉送信の際に抑えておくポイント

メールの持つ特徴の一つとして、多くの関係者に同時に、しかも同じ情報を一瞬で知らせることが出来る点があげられます。知らせる内容によっては文章や手紙を郵送するより適した場合もあります。社内の複数の人や取引先に仕事の連絡をする際や社内外の人達とのプロジェクトチームメンバーに情報共有したい時などに非常に便利な機能です。しかし、使い方を間違えてしまうと送信者のあなたが信用を無くすだけでなく、企業イメージまで大きく損なってしまう大事になりますから注意が必要です。

P61のメール文例を参考にしてポイントを確認していきましょう。

☆ポイント1　送信先

一斉送信は当然のことですが送信先が複数になりますから、「どこに送るのか」❷の送信先に間違いが無いかを確実にチェックすることが重要です。関係者以外への情報漏洩を防ぎます。社内であれば宛先が「社員送信用グループ」「国内店舗」「営業チーム」のように既に宛先のグループ設定がされている場合もありますし、必要に応じて「プロジェクトAチーム」として関係メンバーの宛先を入力して作成することもあります。

また、頻繁に同じメンバーにメールを一斉送信するようであれば、メールソフトの活用やメール配信システムを利用することも考えて上司・先輩に相談してみましょう。

☆ポイント2　宛名の書き方

次のポイントは本文の宛名の書き方です。❻の宛先が少人数の場合は一般的に

・社内の場合

役職順に部署名、役職名＋氏名、敬称

・社外の場合

会社名、部署名、役職名、氏名、敬称

となります。特に社外へのメールは文章と同じく会社名は略さずに正式名称を正しく書き、㈱と略したりしません。

・大勢への送信

表記の仕方は「○○プロジェクトチーム各位」「関係者各位」等のようにし、一人ひとりの名前は書きません。また「各位」は大勢の人に対して一人ひとりを敬った言葉となりますから、「ご担当者様各位」のように二重敬称にならないように注意します。

一斉に連絡が出来るのはとても便利ですが、関係者以外にメールが送信されてしまうと、内容によっては取り返しのつかないことになり兼ねません。さらに付け加えれば、一斉送信に関して社内規定を設けているところもありますし、特に社外への送信に関しては送信内容によっては受信者の意向を確認すること等が法律で義務付けられている場合もありますから、細心の注意を払って使う必要もあります。

メールはクリック1つ、一瞬で送信されてしまいますから、十分な注意が必要なことを忘れずに上手に活用しましょう。

ビジネスマナーQ&A

Q1 出社は何時ごろが適切でしょうか？

始業時刻はそれぞれの会社、職場によって違います。しかし共通する暗黙の了解は、始業時刻ギリギリに出社するのは好ましくないということ。仕事を計画的に進めることにも共通しますが、何事も余裕を持って行動することが必要です。始業時刻の遅くとも15分位前には席に着けるようにします。夏の暑い時期に、いつまでも汗を流しているのはスマートなビジネスパーソンとはいえません。また時短勤務、在宅勤務の場合は、それぞれの職場のルールに従います。

出社したら自分の予定を確認するのは勿論、仕事がスムーズに進められるようにコピーやFAX用紙の補給、職場メンバーのスケジュールの確認なども済ませておきましょう。

早く職場に着いたからと、自席で食べ損ねた朝食をとるのが許されないのは言うまでもありません。

Q2 持ち物はどうすればよいでしょうか？

一般的に手帳、筆記用具、財布、定期券入れ、ハンカチ、ティッシュペーパー、スマートフォン、女性の場合は予備のストッキング、化粧品なども。その他あなたの仕事に必要なものを揃えます。

ビジネスバックは黒、紺など濃い目の色が汚れも目立ちにくいのでお勧めです。最近ではパソコンを収納するのに便利なリュックを持つ人も増えています。あくまでも遊び感覚ではなく仕事ベースで選びましょう。

名刺入れは、自分の名刺と相手から貰った名刺が整理しやすいデザインが良いでしょう。普通、自分の名刺を20～30枚は入れるので、その厚みのあるものが好ましいでしょう。

時計は、スマートフォンで時間が確認できるからと省略してはいけません。面談中にスマートフォンをいちいち触っていては話に身が入りません。

Q3 ちょっと席を外す時は、職場の人に言わなくてもよいでしょうか？

ビジネス社会では仕事をしている時間は公のものと捉えます。外出の多い仕事をしている人だけでなく、10分以上席を空ける場合は、どこにいるのかあなたの所在をはっきりさせておきましょう。例えばコピーを大量に取る必要が起きた場合には、職場のメンバーに「コピーが沢山あるので席を外します」等と一声かけておきます。外出する場合には、帰社時間に加えて行先も伝える、あるいはホワイトボードやパソコン上のお知らせ機能に残しておきましょう。

Q4 書類の取り扱いで気をつけることはありますか？

自分の担当が決まってくると社会人として認められ、少し成長したようでうれしいものです。

しかしここで気をつけることは、担当はあなたであっても、書類を始めとする関連事項はあなた個人のものではないということです。ですから、書類は決められたところにファイルし、常に使ったファイルは戻します。これはデータの場合も同じです。

席を立つときは、書類は裏返しにする等第三者の目に入らないようにします。最近はセキュリティー対策も厳しくなってきていますが、各個人の基本的な行動が正しく行われていることが大切です。

Q5 共用スペースのルールはありますか？

化粧室や給湯室、休憩スペース、コピー機の周辺など共用スペースは清潔に保ち、使う人みんなが気持ちよく使えるようにしましょう。

また、休憩スペースや給湯室などに長くいる時には、周囲の人に居場所を伝えておきます。電話の取り次ぎや何か聞きたいことがある時にも便利です。

Q6 3日間の休みをとります。何か気をつけることは？

休暇をとるのは働く人にとって当然の権利です。とはいえあなたは休みに入っても、組織の仕事は動いています。自分の担当の仕事はやり残しのないようにし、必要があれば引き継ぎをしておきます。基本的に職場のメンバーには、休みの期間とその時の所在と連絡先を明らかにしておきます。

休み明けは少し早めに出社して、休みの間の連絡や処理する書類を確認します。

職場のメンバーが出社してきたら、休み中にカバーしてもらったお礼を一言伝えて、何かなかったかを確認しましょう。

あなたを指導してくれる先輩が休みに入ると「何かあったらどうしよう？」と少し不安になることもあるでしょう。だからといって聞きたいことが出来たらそのたびに連絡をしていては、先輩のせっかくの休みが台無しです。所在を明らかにするのは、万一に備えてであることは肝に銘じておきましょう。

Q7 訪問した時に、受付があったらどのように名乗ればよいですか？

基本的な名乗り方は、受付があっても無くても同じです。「会社名、名前、何時に誰と約束があるか」を伝えます。例えば「私、坂下物産の井上と申します。2時に機械部の小島様とのお約束で参りました」となります。その際、鞄や資料の入った手提げなどは足元に置いておきます。ショルダーバッグは肩から外して名乗ります。

なかには受付から直接内線で呼び出す場合もあります。その際も名乗り方は同じです。取次ぎの電話を終了したら、すぐにその場から移動して、邪魔にならない位置で待ちましょう。

Q8 挨拶して名刺を出そうと思ったら切らしていました。どうすればよいですか？

大変失礼な状況であることを理解しましょう。基本的には切らすことの無いようにします。訪問前の準備で枚数に不足がないかを必ず確認します。

しかし、展示会や何かの会合で思いの外多くの人と挨拶しているうちに切らしてしまうこともあるでしょう。そういう時は「申し訳ございません。あいにく只今名刺を切らしております。私○○会社の○○と申します。後日、送らせていただきます」と丁寧にお詫びしましょう。帰社したらすぐに名刺を送るのを忘れずに。

大勢の人に会う職種の人は普段から名刺入れ以外に鞄に予備を入れている人もいます。参考にして下さい。

Q9

仕事で初のオンラインミーティング。いつ入室すればいいですか？

コロナ禍を経た今、職場の定例会議がオンラインになるだけでなく、取引先と行うこともあります。学生時代にオンラインに慣れている人もビジネスの場合のやり方を確認しましょう。

まず、通信環境を整えることを忘れずにしておきます。

当日は静かに話せる環境下で会議に参加します。カメラや音声の確認、調整をする為に15分くらい前には入室しましょう。

服装もラフになりすぎないようにします。Tシャツではなく襟の有るものを、あるいは硬い印象になりすぎないジャケットを羽織るのもいいでしょう。

話す時以外はミュートを活用し、話す時はミュートを解除してゆっくりと少し大きめな声で話すとメンバーにしっかりと届きます。

Q10

SNSへの投稿で気をつけることはありますか？

原則的に就業時間中の個人のスマートフォンの操作は許されません。SNSへの投稿も同様です。

さらに気をつけたいのは、仕事に関することは勿論のこと、職場のメンバーとの飲み会が楽しかったからと撮った写真をアップするのも考えものです。

映りこんだ背景から場所を特定されたり、投稿の内容をさらに広められたりと、知らないうちに企業情報の漏洩に繋がりかねないだけでなく、個人情報やプライバシーを侵害していることがあるかもしれません。

企業に関わることは懲戒の対象になることもありますので、学生時代のように気軽に投稿するのではなく、一度冷静に考えてから投稿しましょう。

Q11

上司と同行した時、タクシーを止めて自分が先に乗り自分が支払いをするべきだと考え、上司を待たせずに先に降りてもらおうと思ったのですが、これは間違いですか？

あなたなりの配慮があったのですね。しかしプロのドライバーがいる時は、安全面からもその後ろの席が上席とされます。従って、黙って先に乗り込んでは「失礼な奴」と思われても仕方がありません。

例えば上司が足を怪我して松葉杖を使っていたとしましょう。こういう時に「どうぞお先に…」はあり得ませんよね。「乗りにくいでしょうから私が先に乗りましょうか」とか、ドアに近い席を勧めて自分は運転席の横に乗り込む等の配慮がいります。

イレギュラーな場面に遭遇したら一言声をかけて、その状況で一番良い方法を選んで対応しましょう。

Q12

客先を訪問した際、こちらが訪問した方なのに、相手が先に名刺を出されました。仕方ないから先に受け取りましたがよかったでしょうか？

あなたも気にされたように、「訪問した側が先に名乗る（名刺を出す）」が基本となります。しかし、名刺の扱いに慣れたベテランの人であれば、新人のあなたよりも先に名刺を出される方もいらっしゃるでしょう。そういう時は、無理に押し返さずに「お先に頂戴します」等と言葉を添えて一旦先に相手の名刺を両手で受け取ります。そして「申し遅れました」「後になりました」と一言添えてから自分の名刺を渡しましょう。

（みやた・れいこ）

第4章

将来に向けたセルフマネジメント

人生において自分でマネジメントしたい、キャリア、メンタルヘルス、お金。
そしてトラブルの予防。
専門家が親身にアドバイスします。

1 キャリアはどうつくる?

吉田 寿（よしだ ひさし）　株式会社 HC プロデュース　シニアビジネスプロデューサー
ISO 30414 リードコンサルタント / アセッサー

プロフィール

富士通人事部門、三菱UFJリサーチ&コンサルティング・プリンシパル、HRガバナンス・リーダーズ・フェロー等を経て、2023年10月より現職。"人"を基軸とした企業変革の視点から、組織・人材戦略コンサルティングを展開。中央大学大学院戦略経営研究科客員教授（2008年~2019年）。早稲田大学トランスナショナルHRM研究所招聘研究員。著書に、『企業価値創造を実現する人的資本経営』（共著、日本経済新聞出版）、『未来創造型人材開発』（経団連出版）など多数。

---

2 メンタルヘルスの整え方

緒方 俊雄（おがた としお）SOT カウンセリング研究所　所長

プロフィール

ソニー株式会社にて、研究開発、マーケティング、カウンセリングなどの業務に従事。その後、大手EAP会社を経て、SOTカウンセリング研究所を設立。心理カウンセリング、メンタルヘルス関連の講演、研修、執筆などを行う。臨床心理士、産業カウンセラー。著書に『慢性うつ病は必ず治る』（幻冬舎新書）、『「いい人」をやめる7つの方法』（主婦の友社）、『ぼんやりのすゝめ』（産労総合研究所）など多数。

---

3 トラブル予防－これってどうなの? Q&A－

千葉　博（ちば ひろし）弁護士

プロフィール

東京大学法学部卒業。1991年司法試験合格、1994年弁護士登録後、高江・阿部法律事務所入所、2008年千葉総合法律事務所を設立、2022年4月より内幸町国際総合法律事務所 代表パートナー弁護士。主に労働問題、交通事故、保険・企業法務一般を手がける。著書に『新社会人のための法律知識』（産労総合研究所　経営書院）、『人事担当者のための労働法の基本』（労務行政）、『労働法正しいのはどっち?』（かんき出版）、『法律大百科事典 仕事で使う用語・ルール・条文100』（翔泳社）など。

---

4 金融リテラシー

浅田 里花（あさだ りか）生活設計塾クルー　取締役

プロフィール

日興証券（現SMBC日興証券）、独立系FP会社を経て現職。資産設計、保障設計、生活設計等のコンサルティングのほか、原稿執筆、セミナー講師などで、暮らしに役立つ情報を発信している。ファイナンシャルプランナー（CFP、1級FP技能士）。東洋大学社会学部非常勤講師。著者に『50歳からの「確実な」お金の貯め方、増やし方を教えてください』（主婦の友社）、『お金はこうして殖やしなさい・改訂3版』（共著、ダイヤモンド社）など多数。

1 キャリアはどうつくる？

吉田　寿

1 社会人としてのキャリアをどうスタートさせるか？

社会人としてのスタートラインについた新入社員の皆さんは、これからの会社生活に向けて、期待に胸をふくらませていることと思います。

これから社会人としてのスタートを切る皆さんは、もうすでに社会に出てそれなりの年数や経験を積んでいる上司や先輩社員と比べれば、明らかにアドバンテージ（利点）があることをまずはよく理解しましょう。なぜなら、確実に言えることは、皆さんの眼前には、可能性に満ちたまだ手つかずのままの未来が大きく広がっているからです。

かつて詩人の高村光太郎は、「道程」という詩のなかで「僕の前に道はない僕の後ろに道はできる」といっています。まさにそうなのです。皆さんのあとにできる道、それが皆さんにとっての「キャリア」（Career）となります。

キャリアとは、長い職業人生のなかで積み上げられた履歴、あるいはたどった軌跡や航跡とでもいうべきものなのです。したがって、まずはご縁があって入った会社、配属された職場、そして与えられた仕事に対して、前向きに全身全霊で取り組むことから始めてください。それが、まず皆さんにとってのあるべきキャリアへの第一歩です。

2 会社が皆さんに期待していること

世界は、新型コロナウイルスによるパンデミック（世界的大流行）を経験し、企業の雇用や人事のあり方も劇的に変化しています。リモートワークにせよジョブ型雇用にせよ、これまでとは全く違った対応が求められています。

キャリアについても同様で、もはやそこそこの会社に入れれば一生安泰という、予定調和の状況ではなくなってきています。会社任せのキャリアではなく、「自分のキャリアは自分で切り開く」といった前向きな姿勢が問われているのです。会社は、そのような皆さんの主体性に期待しています。これは、「キャリア自律」と呼ばれるもので、会社としても、自分で考え判断し、自律・自走できる社員を求めるようになりました。

ここでくれぐれも肝に銘じておくべきことは、たとえそれが意に添わない配属であったとしても、あまり魅力を感じない仕事であったとしても、確実にそこが皆さんの出発点となり、周囲の人から見られる皆さんのファースト・キャリアだということ。そして、どんな職場や仕事からでも、社会人や職業人としての学びの基本は得られるという事実です。

新社会人には、仕事に向き合う真摯

さが求められてくるのです。

3 まずは明確な キャリア・ビジョンを持とう！

いまのような変化の時代には、キャリアに対する個人としての考えが大切になります。それは、「組織が何をしてくれるか?」ではなく、「組織のために何ができるか?」を自問する、そんな態度といえるでしょう。キャリア自律のためには、「あるがままのキャリアを受け入れる」のではなく、「あるべきキャリアのために闘う」とするくらいの姿勢が問われてくるのです。

たとえば、想定外の変化が起きた場合、自身がこだわりを持つ確固たるキャリア・ビジョンが活きてきます。場合によっては、〝機を見て敏〟なキャリア・シフトの必要性が生じても、確たる自分のキャリア軸を確立しておくことは重要です。これを示せば、たとえば図表1のようになります。

図表1　キャリア・パースペクティブを描く

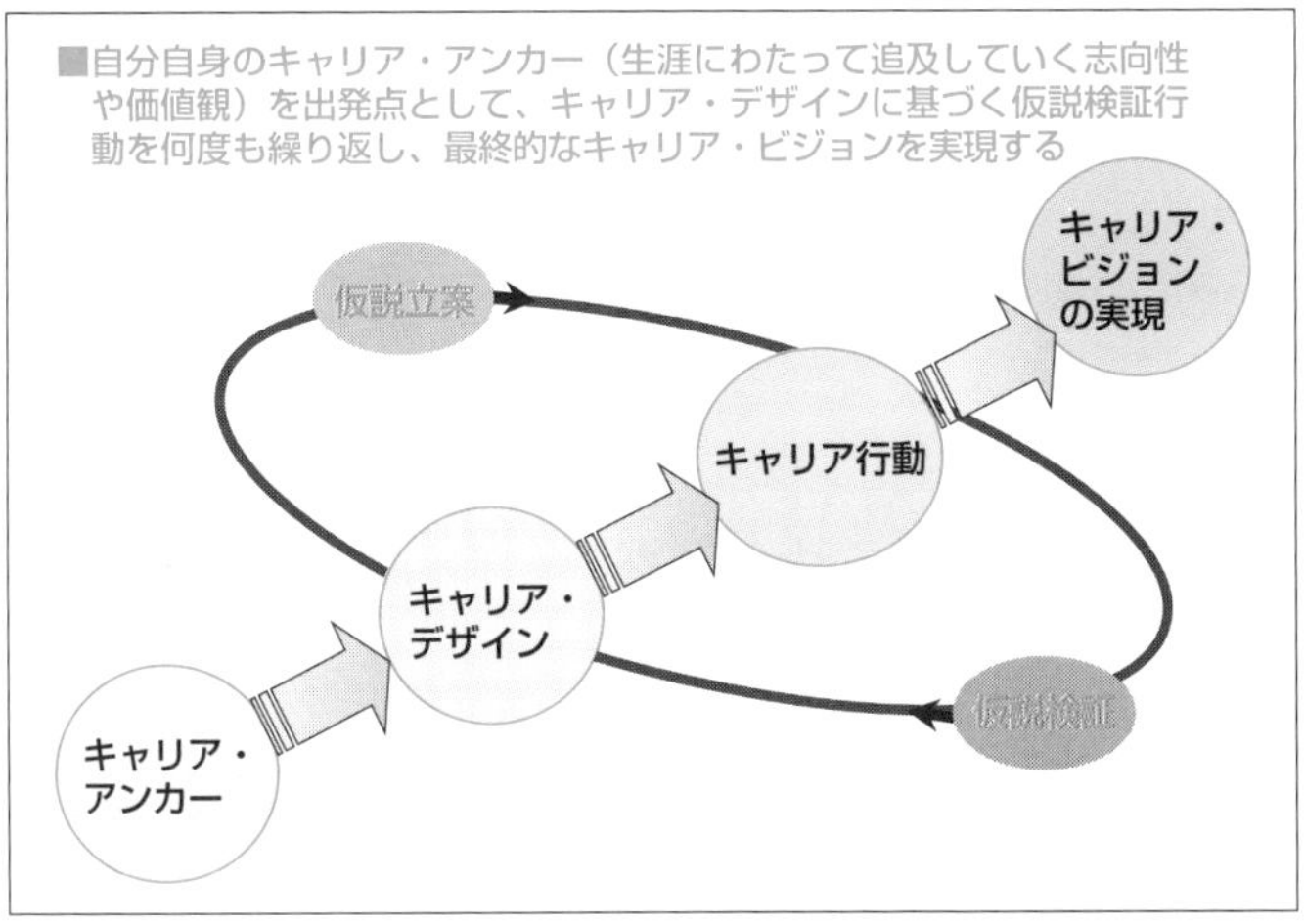
■自分自身のキャリア・アンカー（生涯にわたって追及していく志向性や価値観）を出発点として、キャリア・デザインに基づく仮説検証行動を何度も繰り返し、最終的なキャリア・ビジョンを実現する
キャリア・アンカー
キャリア・デザイン
キャリア行動
キャリア・ビジョンの実現
仮説立案
仮説検証

かつてエドガー・シャインというキャリア論の大家が指摘したように、自分自身のキャリアの出発点にある「キャリア・アンカー」について、十分理解しておくべきでしょう。キャリア・アンカーとは、個人がキャリアを選ぶ際にこだわりを持つ価値観や欲求のことです。もし仮に、まだ自分自身に不動の軸が定まっていないなら、まずはキャリアの軸探しから始めましょう。

このキャリア・アンカーを起点としてキャリア・デザインを考え、自分にとって望ましいと思われるキャリアについて、仮説を立てて検証するという行動を何度も実践する。自分らしい、あるいは自分に合ったキャリアに巡り会えるまで、この仮説検証行動を何度も繰り返すことが重要です。

ポイントは、足元の変化を敏感に察知して、それに即応したキャリア行動が取れるか否かということです。状況によっては、現在の仕事の中身を進化させたり高度化させたりする必要が出てくるでしょう。「人生100年時代」といわれる昨今では、「リスキリング」（学び直し）が必要との認識も高まってきています。

4 職業人生における VSOP＋Pモデル

よりよいキャリアを送るということは、よりよい人生を送ることと同義です。そう考えた場合、とても参考になる考え方があるので、ご紹介します。

それは、新将命の『リーダーの教科書』（ランダムハウス講談社）のなかで触れられているモデルです。彼によれば、職業人生や仕事人生は、各年代で4つに区分されます。それは、図表2に示すように、ブランデーの高級品種になぞらえて「VSOP」の4つの頭文字で表現されます。

図表2 職業人生におけるVSOP＋Pモデル

V	活力 Vitality －20代－	●どんな仕事でも貪欲に食らいついて経験する ●だんだんと自分の好き嫌い、得意・不得意がわかってくる
S	専門性 Specialty －30代－	●パーソナル・コア・コンピタンス（自分の得意技）を磨く ●徹底的に仕事に挑み結果を出す
O	独自性 Originality －40代－	●視点を高める ●自分なりのリーダー・スタイルを確立する
P	人間力 Personality －50代－	●この年代で完成の域に持っていく。経営学とは人間学なり ●人間力を完成させるために常に挑み続ける
＋		
P	哲学 Philosophy －60代－	●この年代で自分ならではの哲学を確立する ●一般教養の造詣を深め、人間としての厚みを増す

資料：新将命『リーダーの教科書』（ランダムハウス講談社）の内容に筆者加筆

まず、現在の多くの皆さんが当てはまる20代はV（Vitality：活力）です。つまり、20代はとにかく体力が充実していますから、体力にたのんで働いてみる。またこの年代は、とかく試行錯誤はつきものなので、多少の失敗は恐れずがむしゃらに頑張ってみる。そうすることで、あとの年代で活きてくる仕事の基本や基礎が身につきます。この年代は、30代以降に向けた仕事力の充電の時期と位置づけられます。

次に、30代はS（Specialty：専門性）。つまり、自分の専門性を確立する時期です。20代に基礎固めができていれば、それを土台として自分の得意技を自身の強みに転化させます。30代には、自分の拠って立つ専門性の軸を確立しておきたいところです。

これを受けて、40代はO（Originality：独自性）。つまり、自分ならではの境地に達する時期です。自分の仕事の核となる専門性の上で「自分らしさ」を表現できると、他人と比べても人材としての競争力を維持できます。

そして、50代はP（Personality：人間力）。結局のところ、相手が「誰に仕事を依頼するか」や「誰と一緒に仕事がしたいか」を決める場合、仕事を依頼される当該本人の人間力に依存するケースが多いのです。これは、仕事人として生きてきた本人の全人格の勝負になってきます。人間力を磨くためにも、不断の継続的な努力は重要です。

最近のトレンドでもある「人生100年時代」を見据えれば、60歳超の働き方も十分視野に入れる必要が出てきました。そこで、これからの時代には、このVSOPモデルにさらに1つ別の要素を加える必要がありそうです。職業人生の約40年を経て、仕事力や人間力を極め、人生を極めれば、その後についてくるものは、もう1つのP（Philosophy：哲学）である蓋然性が高いでしょう。仕事に携わる者はすべて、職業人生の集大成として60代において自分ならではの哲学が持てるよう、日々研鑽に努めるべきということです。
それでも、長い職業人生のなかでは予期せぬ事態が発生するもの。これについては、キャリア開発に関する先人は次のように考えました。

5 「偶然」からキャリアを紡ぐ

人生なんて「棒ほど願って針ほど叶えばそれで御の字だ」といわれます。きちんと計画を立てて行動しても、そのとおりにいかないのが人生であり、キャリアです。そんな誰もが身に覚えのある経験を裏づけてくれるものに、スタンフォード大学のジョン・D・クランボルツ教授が提唱する「プランド・ハプンスタンス・セオリー：Planned Happenstance Theory」（計画された偶発性理論）があります（『その幸運は偶然ではないんです！』、ダイヤモンド社）。

クランボルツによれば、変化の激しい時代には、キャリアは予期しない偶然の出来事によってその8割が形成されます。したがって、むしろ現実に起きたことを前向きに受け止め、そのなかで自分を磨くことが重要となります。自分のキャリアを切り開いていくためには、むしろ自分のほうから積極的に仕掛けて予期せぬ出来事をつくり出し、実体験のなかから次の手を打っていく。そんな姿勢が必要ということです。

このような計画された偶然を実践していくうえで、重要となるのが次の5つです。

1. **好奇心**（Curiosity）：自分の専門だけにこだわらず、自分の知らない領域にも関心を持つ。
2. **執着心**（Persistence）：いったん始めたら、ある程度の結果が出るまで粘り強く努力する。
3. **柔軟性**（Flexibility）：こだわりを捨て、どんなことにも柔軟に対応する。
4. **楽観主義**（Optimism）：どんなことでもチャンスととらえ、楽観的に受け止める。
5. **リスクテイク**（Risk take）：未知の世界に果敢に挑戦し、積極的にリスクを受け入れる。

結果がわからないときでも常に行動を起こし、人生に起きる偶然の出来事を味方につけて最大限に活用するという考え方には、個人的にも共感が持てます。

6 将来をみすえて

いかがだったでしょうか？　よりよいキャリアを創るとは、よりよい人生を歩むことにほかなりません。新入社員の皆さんも、それぞれのあるべき明日に向かって「豊饒なるキャリア」を歩んでいただきたいと思います。

（よしだ・ひさし）

図表1　役割の変化

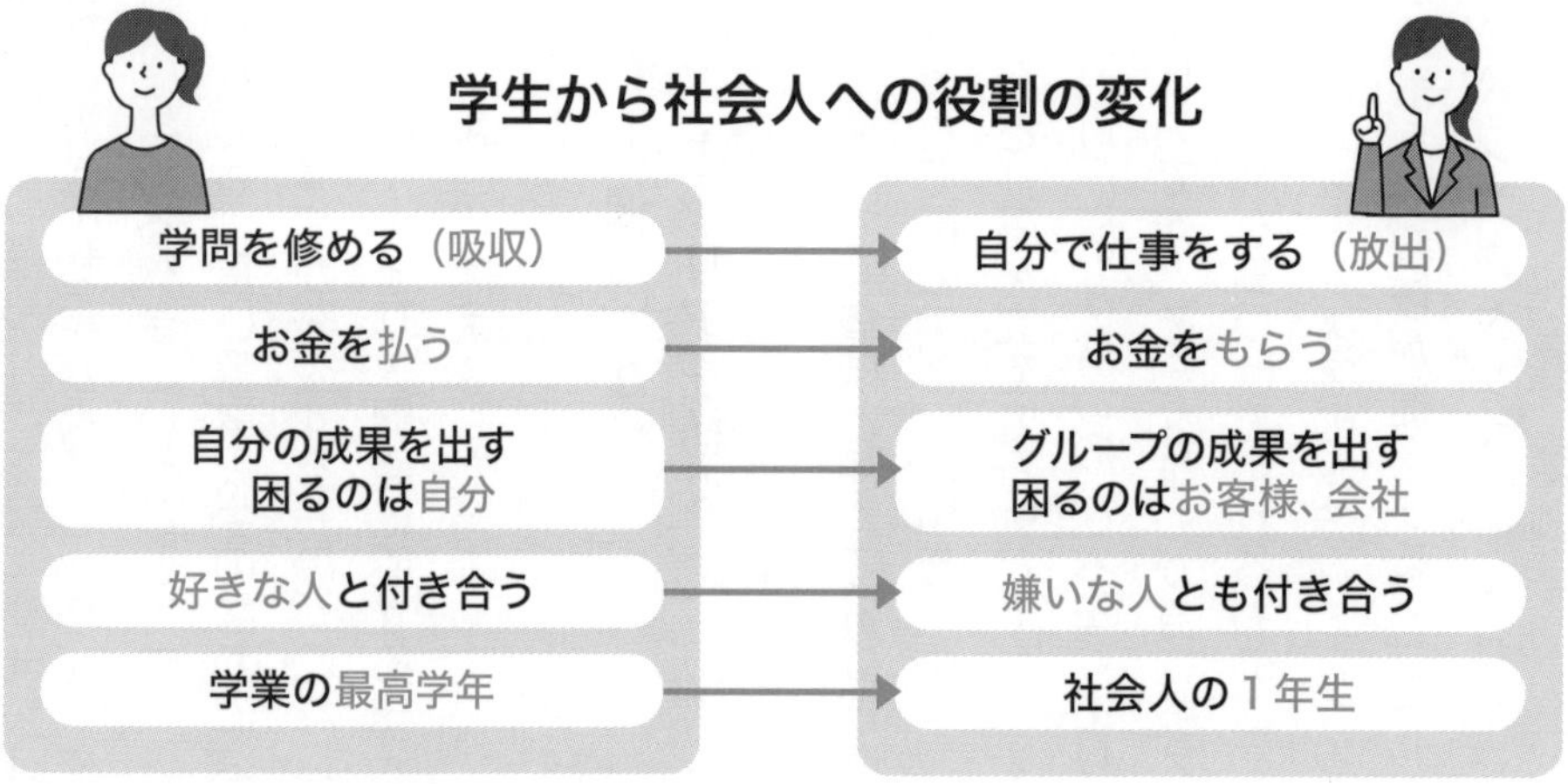

資料出所：SOT カウンセリング研究所

2 メンタルヘルスの整え方

緒方　俊雄

1 役割の変化はストレスがかかる

学生から社会人になると、大切なことがほとんど逆転します。この変化をきちんと理解しておかないと仕事でつまずきます。

先ずお金の向きが逆転します。学生時代はお金を払ってサービスを受けていましたが、仕事を提供してお金をもらうことになります。

成果物の向きも逆転します。学生時代は勉強して、知識を吸収していればよかったのですが、社会人になると、仕事の成果を放出しなければなりません。社会人になっても勉強することは必要ですが、それを仕事のアウトプットに結びつけなければ意味がないのです。

失敗したときに困る人も変わります。学生時代は自分で成果を出すので、試験で失敗して浪人や留年しても困るのは自分ですが、社会人はグループで成果を出すので、仕事を失敗すると困るのはお客さまや会社です。このため仕事には責任が生まれます。

付き合う人も変わります。学生時代は気のあった人と友だちになって、苦手な人とは付き合わなければ良かったのですが、社会人になると職場で苦手な人がいても付き合わなければいけません。付き合う人をもはや自分で選べないのです。

就職する前は高校や大学の最高学年で、部活やサークル活動でいばっていたらよかったのですが、会社に入ったとたん、ピカピカの社会人1年生です。まずは雑用や宴会の幹事から始めなければなりません。

この役割の変化（図表1）をよくよく見ると、全てがストレスがかかる方向です。

人は、楽な方向にはあっという間になれますが、ストレスがかかる方向に適応するのは大変です。

2 ストレスへの対処法

このためストレスから病気になる新入社員の方も見受けられます。そうならないために、どのように日々のストレスに対処したらいいのでしょうか。

仕事が終わっても上司から怒られたことや失敗したことを引きずっているとストレスがかかり続けます。仕事が終わったら、気持ちを切り替えましょう（図表2）。

仕事をしていると大変なことや辛いことに出会います。それをがまんしているとストレスがたまります。話しやすい同期や友だち、家族に辛い気持ちを話してすっきりしましょう。

月曜から金曜までは仕事で、なかなか趣味の時間が取れないので、土日は趣味を楽しんでストレスを発散しましょう。体を動かす趣味は効果的です。

朝ご飯もきちんと食べて、栄養のバランスにも気をつけましょう。

最近はシャワーを使う人が多いですが、ぬるめのお湯にゆっくり浸かると、心も身体もリラックスして睡眠も深くなるのでお勧めです。

なるべく7時間睡眠を取りましょう。土日に夜更かしすると生活リズムが崩れるので、夜型にはしないようにしましょう。

瞑想、ヨガ、マッサージなど自分に向いているリラクゼーション法を見つけましょう。

疲れがたまってきたと思ったら、土日は遊びに行かないで、家でゆっくりして疲れを取りましょう。

図表2　ストレス発散の方法

STRESS（ストレス）発散	
S	スポーツ
T	トラベル（旅行）
R	リラクゼーション
E	イーティング（食べる）
S	スリープ（寝る）
S	スマイル（笑う）

3 知っておきたい ストレスのメカニズム

出来事が起きると自然と感情が沸き上がってくると思いますが、実はその出来事をどう捉えるかという認知（考え方・捉え方）によって、感情が変わってきます（図表3、4）。

上司から叱られた場合について考えてみましょう。「俺は社会人失格」と考えると落ち込みます。「また怒られたらどうしよう」と考えると不安になりますし、「上司の説明が悪かったんだ」と考えると腹が立ちます。

ところが、「新人なんだから、一度失敗するのはしょうがない」と捉えると落ち込みません。「成長する機会を与えてもらった」と考えると感謝する気になりますし、「早く貢献できるようになるぞ」と考えるとやる気さえ出てきます。

このように起こった出来事をネガティブではなく、ポジティブに捉えることがとても大切なのです。

図表3　ストレスのメカニズム

ストレス刺激に直面したとき
その人の認知（考え方・捉え方）により
ストレスの結果が変わります

図表4　考え方、捉え方を変えてみる（例）

忙しいのに大きな仕事を頼まれた

× 何で私ばかり損するのよ

○ 自分のパフォーマンスを
評価してくれているのかも

人に批判された

× 許せない！ いつか仕返ししてやる

○ 言い方はひどいけど、一理あるかなあ

上司に叱られた

× おれは社会人失格だ

○ 新人なんだから
一度失敗するのはしょうがない

資料出所：SOT カウンセリング研究所

4 早めに相談する

体調の不良は先ず睡眠と食欲に現れます。寝付きが悪くなり、寝ても何度も目が覚め、眠りが浅くなります。食欲が無くなり、痩せてきます。中には過食になって、太る人もいます。

睡眠か食欲が乱れてきたら、「メンタル不調のチェックポイント」（図表5）をチェックしてみましょう。

そして、恥ずかしがらないで、主治医、産業医、保健師に相談しましょう。業務内容に関わる場合は上司にも相談しましょう。メンタルの不調は早期対応が非常に重要です（図表6）。

（おがた・としお）

図表5　メンタル不調のチェックポイント

メンタル不調のチェックポイント

☑ 人と話したくなく、一人になりたい	☑ 酒を飲みすぎる
☑ 夜寝られない、いくら寝ても疲れが取れない	☑ 朝起きても会社に行きたくない
☑ 食欲がない、痩せてきた	☑ 日曜の夕方が憂うつだ
☑ 趣味をする気にならない	☑ 仕事が手につかず、ミスが増える
☑ イライラする、些細なことで周囲とぶつかる	☑ よく風邪をひく、いつも体調が悪い

図表6　相談先

困ったときの相談先（公的なもの）

こころの情報サイト（国立精神・神経医療研究センター 精神保健研究所）	https://kokoro.ncnp.go.jp こころの健康や病気、支援やサービスに関するウエブサイトです。
こころの耳（厚生労働省）	https://kokoro.mhlw.go.jp 働く人のメンタルヘルス・ポータルサイトです。
保健所、保健センターの相談窓口	https://www.mhlw.go.jp/stf/seisakunitsuite/bunya/kenkou_iryou/kenkou/hokenjo/
全国精神保健福祉センター	https://www.zmhwc.jp/centerlist.html 47都道府県（都は3カ所）、20政令指定都市、合計全国69カ所に設置されています。（2017年現在）
自治体の相談窓口	自治体によって名称が異なります。

3 トラブル予防

千葉　博

社会には「法律に基づいたルール」があり、ルールを知らないとトラブルになったり、損をしたりします。ここでは、私の著作『新社会人のための法律知識Q&A』（経営書院刊）から抜粋して紹介します。変わることもある社会のルール、常に確認したいものです。

Q1

学生時代に小遣い稼ぎで始めた動画編集の請負を今でも続けています。自宅の作業ですから、特に会社には知らせていません。問題ないですよね？

ケースバイケースです。

会社によっては、副業やアルバイトを禁止している場合もあります。違反すると、懲戒処分の対象となる可能性もあるので注意しましょう。

会社が業務時間以外の過ごし方にまで口を挟むのかと不満に思う人もいるかもしれませんが、このような規制を会社ができるのは、会社の仕事に集中専念してもらうためであったり、社員の疲労が蓄積したり、会社の秘密やノウハウが漏洩するなど、労務提供に影響を与えることが十分考えられるため、ということになります。

多くの会社は、会社の決まりに違反した場合には、違反者を懲戒処分の対象としています。会社の許可なく、ご質問のような副業を続けることは、リスキーだと言わざるを得ません。

就業規則などに副業のルールがあれば、それに従いましょう。

Q2

お客さまに送る宣伝メールに、キャラクターのイラストを入れたいと思います。人気漫画の主人公を少しアレンジしたらいい感じになったので、使ってみることにしました。アレンジしたし、問題ないですよね？

それはやめたほうがよいでしょう。

人気漫画のキャラクターのイラストを勝手に使うことは、たとえ少しアレンジしたとしても著作権や商標権の侵害に当たる可能性が高く、控えるべきです。

著作権は、知的財産のうち著作物を保護する権利です。「著作物」とは、思想または感情を創作的に表現したものであって、小説、脚本、論文、講演その他の言語、音楽、絵画、版画、彫刻その他の美術などがあり、人気漫画のキャラクターも、保護の対象になります。

他人の著作物を基にして、同一あるいは類似のコピー等を行った場合、著作権侵害として、民事責任と刑事責任の問題が生じ得るのです。

民事責任については、著作権者は著作物の使用行為の差止請求や、損額賠償請求、時には不当利得の返還請求や名誉回復などの措置を請求することができます。

刑事責任については、著作権を故意に侵害した者は10年以下の懲役もしくは1千万円以下の罰金、またはその両方という刑が科されることがあります。

商標権は、商品やサービスに付されるマークである商標を保護する権利です。

いずれも重大な結果につながり得るものです。勝手にキャラクターをアレンジして会社の業務に使用することは、避けましょう。

イラストは明らかにフリーのものを使ったり、新たに依頼して作成しましょう。

Q3

職場の「面白ネタ」を個人のＳＮＳに投稿したら、評判になっています。会社名は出していませんから、問題はありませんよね？

思いがけないささいなことから企業情報が流出することはよくあります。「これぐらいなら大丈夫」という感覚で、職場に関する投稿をＳＮＳで行うのは控えましょう。

例えば次のような例です。

「今日は、部長と飯田橋の取引先と新規の交渉。場を和ませようとした部長の冗談が滑りまくり、社内だけでなく、外でも部長は無敵だった…」

一見何でもない投稿にも見えますが、事情を知る人から見れば、「この会社が飯田橋で交渉というと…あの企業をねらっているのか！」などと、読み取れることもあり得ます。

不適切なＳＮＳの利用等の事例を踏まえ、会社によってはＳＮＳを全面的に、あるいは一定の範囲で禁止するなどの方針をとっているのです。会社による過度の干渉などと軽々に考えるのは危険です。

このような規制に違反して会社に害が及んだ場合には、懲戒処分の対象となることもあり得ます。会社の方針を確認し、それに従った行動を取るようにしましょう。

Q4

同僚からゲイだと打ち明けられました。社内では本人との約束で秘密にしていますが、他社で働いている友人には話してもいいですか？

ＬＧＢＴＱなどの、性的指向・性自認に関する情報はきわめて機微性の強い情報です。本人の同意なく他の人に告げてはいけません。

生存する個人に関する情報であって、個人を特定できるものを個人情報といい、その取扱いについては、個人情報保護法が詳細に定めています。

個人情報の中でも特に機微なもので、取扱いに慎重さが求められるものが、「要配慮個人情報」です。これは、本人の信条、社会的身分、病歴、犯罪の経歴等、本人に対する不当な差別、偏見その他の不利益が生じないよう、取扱いに特に配慮を要するものをいいます。

要配慮個人情報については、本人の同意を得ないで勝手に取得したり、第三者に提供することができません。

ＬＧＢＴＱについては、法律上は、まだ時期尚早であるとして要配慮個人情報に含められていませんが、同様の、あるいは、それ以上に慎重に取り扱うべき重要な個人情報であることに、ほぼ異論は出ていません。

（ちば・ひろし）

4 金融リテラシー

浅田 里花

人生100年と言われる昨今、将来設計にはお金の上手なマネジメントが欠かせません。そのために必要な基本的知識を、解説していきましょう。

1 貯蓄ができる家計にするには？

お金の上手なマネジメントの第一歩は「収支の管理」です。「収入」をもとに「支出」の予算を立て、将来の計画に必要な貯蓄ができる家計を運営します。「家計」とは、国の年度予算決めや企業の経営計画と同様の、「家庭の運営計画」と捉えましょう。

●給与明細からわかること

企業に勤める人の「収入」は「給与」です。「給与明細」を確認し、何が差し引かれているかなども知っておきましょう。「給与明細」は、一般的に「勤怠」「支給」「控除」の3項目に大きく分けられます（図表1）。

「勤怠」には給与支給額の計算の基となる出勤日数、所定内勤務時間数、残業時間数、欠勤日数、遅刻・早退回数などが記されています。

「支給」の細目には基本給や時間外手当のほか、各種手当金が記されています。どのような手当があるかは勤め先の制度によるので、確認しておきましょう。

「控除」はいわゆる給与天引きされる金額。これらの細目も勤め先により異なりますが、必ず控除されるのは、税金（所得税・住民税）と社会保険料（厚生年金保険料・健康保険料・雇用保険料・40歳から介護保険料）。これらは勤め先を通して国や自治体に納める義務があり、個人の選択で止めることはできません。

その他の控除項目は、個人の選択が可能です。例えば財形貯蓄や社内預金、社員持株会などで、利用しなければ天引きされません。また、勤め先のグループ扱いで加入できる生命保険・損害保険・共済も、加入するしないが選択できます。

給与は「総支給額」から「控除額合計」を差し引いた金額が、指定口座に入金されます。「可処分所得」という言葉がありますが、これはあくまで自分の裁量で使える金額、つまり総支給額から税金・社会保険料を差し引いた残りのことを言います。是非、税金・社会保険料の金額をチェックし、自分の裁量で使える金額がいくらなのかを把握しておきましょう。

なお、社会人1年目に支払う税金は所得税のみ。住民税は前年の所得をもとに課税されるため、2年目の6月から給与天引きされることも知っておきましょう。

●自分なりの予算を立てよう

「収入」の把握の次は、「支出」の管理です。毎月定期的に給与収入があるのはありがたいもので、勤めているうちは家計が回ります。そのため、振り込まれた金額すべてを使ってしまう人も少なくありません。早いうちに貯蓄する習慣を身につけておかないと、リタイア近くになって貯蓄がないことに気づいても、家計の立て直しは難しいものです。

貯蓄する習慣を身につけるには、収入の中から貯蓄する額を初めからなかったものとして、取り分けるのが一番です。目安として収入の10%、家庭を持つ前の余裕があるうちは20%などと決めるといいでしょう。

なぜ貯蓄すべきかわからないという人もいますが、急な入り用への備え、そして「ライフプラン」を実現するために不可欠です。「ライフプラン」とは今後の人生における計画のことで、実現にはお金の準備が必要になります。もし結婚など明確になっているライフプランがあれば、図表2を参考にライフプラン表を作り、プランの内容とその予算額を書き出してみましょう。例えば、5年後に100万円使う予定のライフプランがあるとしたら、単純計算で1年に20万円貯蓄する必要があります。毎月1万円、年2回のボーナスから4万円ずつ積み立てれば、準備できることになります。

通常ライフプランはひとつではありませんから、複数のプランのために平行して資金準備を進める必要があります。無理せず貯蓄額を捻出するためにも、家計の予算表（図表3）を参考に「支出」の予算を決めましょう。収入から貯蓄予定額を引いた残りを、自分のライフスタイルに応じた支出項目を立てて予算配分するのです。どうしても譲れない項目、少なめの予算でいい項目は人それぞれです。自分は何にお金を使いたくて、何は我慢できるのか、ライフスタイルを見つめ直す機会にもなるでしょう。もちろん予算どおりに生活できないこともありますが、使いすぎたと思ったら他の項目の支出を減らして調整すればＯＫです。

図表1　給与明細の項目例

勤怠	控除	
出勤日数	所得税	税金
欠席日数	住民税	税金
遅刻・早退回数	厚生年金保険	社会保険料
有給消化日数	健康保険料	社会保険料
残業時間数	介護保険	社会保険料
支給	雇用保険料	社会保険料
基本給	組合費	
職能手当	確定拠出年金（本人分）	資産形成やリスク対策に活用
役職手当	財形貯蓄	資産形成やリスク対策に活用
通勤手当	社員持株会	資産形成やリスク対策に活用
家族手当	生命保険料・損害保険料	資産形成やリスク対策に活用
住宅手当	貸付金返済	
時間外手当	その他控除	

図表2 将来のライフプラン表

経過年数		0	1	2	3	4	5	6	7	8	9	10
西暦												
家族の年齢												
ライフプラン	プランの内容											
	プランの費用											

図表3 家計の予算表

		年間	1月	2月	3月	4月	10月	11月	12月
収入									
	収入合計								
貯蓄予定額									
支出予算額									
支出									
	支出合計								

☞記入の仕方：①毎月の収入金額を記入　②貯蓄予定額を記入　③支出予算額（収入－貯蓄予定額）を元に、項目ごとの予算を記入　④実際の支出額が予定どおりかチェック

奨学金など、すでに借りているお金があるという場合、無理な貯蓄より返済を早く終えることが優先されます。また、不測の事態に備え、月々1万円でも積立貯蓄することは必要です。支出の予算をしっかり立てて対応しましょう。

2 お金を貯めるには？

毎月の貯蓄に取り入れたい制度を紹介します。

●勤め先の制度

勤め先が準備している制度として、「財形貯蓄制度」「社員持株会」などがあります。

「財形貯蓄制度」は勤め先が金融機関や保険会社と契約を結び、用意されている金融商品で積み立てる制度です。3種類の財形貯蓄がありますが、新社会人にお勧めなのは使い道自由の「一般財形」です。結婚資金など、比較的近いライフプランのための資金作

りに適しています。将来の住宅購入を目指して資金作りを始めたいのであれば、「財形住宅」を併用してもいいですし、「財形年金」はもっと年齢を重ねてからスタートしても間に合います。

勤め先の株式を毎月定額で購入していく「社員持株会」の制度がある場合、長く勤めるつもりなら利用するといいでしょう。長期的に株価の上昇が期待できれば、積み立てた元本より増やすことが可能となります。もし短期で退職する可能性があるなら、退職時に株価が下がっていれば損失も考えられるので要注意です。

●確定拠出年金とNISA

株式など値動きがある金融商品での積立投資は、若い世代の老後資金準備など、長期的な資産形成方法として取り入れたい仕組みです。定期的に決まった金額で購入していく積立投資は、月々一定額の範囲で買えるだけ購入していくので、価格が高い時には少ない口数、安い時には多い口数を購入することになります。これを長期間続けると、平均購入単価を抑えるリスク軽減効果があるとされています。リスクを抑えながら、長期の資産形成を目指すことが期待できるわけです。

若い世代にも関心が高まっている「確定拠出年金」や「NISA」も、同様の効果が期待できる制度です。いずれも将来的に資金を大きく増やすことが期待できる「投資信託（投信、ファンド）」が、積立商品の中心的な働きをします。

投資信託は、多くの人から集めた資金で国内・海外の株式、債券、不動産などに投資し、その収益を購入した人に還元する仕組みの金融商品。少ない資金で幅広い対象に投資することができる、運用の専門家が投資に必要な情報収集や分析を行う、個人が参入するには難しい新興国の市場などにも投資できるなど、多くのメリットがあります。「投資」というと「怖いもの」と敬遠されがちですが、いまはそれぞれができる範囲で投資に取り組むことを求められる時代です。投資信託は投資を始めるのに取り組みやすい金融商品なので、ぜひ注目しましょう。

上手に投資信託を選ぶコツは、まず投資対象を「分散」するよう心がけること。同じ投資対象に資金を集めてしまうと、リスクも集中してしまうからです。投資対象が異なればリスクも分散され、リスク軽減効果が期待できます。それぞれの投資信託は、株式・債券・不動産など何に投資するかがあらかじめ決められているので、よく確認し、異なった投資対象、それも日本だけでなく先進国や新興国など海外も組み合わせると、分散効果が高まります。ひとつの投資信託で幅広く分散する「バランス・ファンド」を選んでもいいでしょう。

次のコツは、保有コストにあたる信託報酬（運用管理費用）がなるべく低いものを選ぶこと。信託報酬は運用残高から差し引かれるもので、低いほうが手元に残る残高が多くなります。高いか低いかは長期的な資産形成に影響してきますから、要チェックポイント

図表4 **NISAとiDeCoの違い**

	NISA		iDeCo
	成長投資枠	つみたて投資枠	
対象	1月1日時点で18歳以上の成人		60歳未満の国民年金第1号・第3号被保険者 65歳未満の第2号被保険者（厚生年金被保険者）・国民年金の任意加入被保険者
積立期間	いつでも可		掛金の積立は60歳まで（要件を満たせば65歳まで）
非課税運用期間	無期限		最長75歳まで運用可
投資対象	上場株式、株式投資信託、ETF、J-REITなど	一定の要件を満たした株式投資信託と、ETF	投資信託、定期預金・保険商品など
投資方法	一括投資と積立投資のどちらも可	毎月1回など定期的に一定額を投資する積立投資のみ	毎月定額の掛金（5,000円以上1,000円単位）を拠出するのが基本。 第1号・第3号被保険者等は年単位の拠出も可
税制メリット	運用益が非課税		・運用益が非課税 ・個人が積み立てる掛金は全額所得控除の対象（所得税・住民税の節税になる） ・受取段階でも優遇措置
年間投資限度額	240万円	120万円	会社員、公務員、自営業者、専業主婦など属性によって異なり、年間24万円～81万6,000円
	併用が可能で、合わせて360万円まで投資できる		
非課税保有限度額	1,800万円		なし
	1,200万円（内枠）		
払い出し	いつでも可		原則として60歳以降

です。株価指数などに連動して値動きするよう運用される「インデックス・ファンド」から探すといいでしょう。

確定拠出年金制度には、勤め先が従業員のために用意する「企業型確定拠出年金」と、個人が加入する金融機関を選んではじめる「個人型確定拠出年金（iDeCo＝イデコ）」があり、いずれも加入する本人が自分の責任で積立商品を選んで、年金資産を作っていく仕組みとなっています。制度がスタートした当初は、個人型に加入できる人は限られていましたが、制度改正によって加入対象者が広がりました。愛称も「iDeCo」と親しみやすくなって、現在では企業型に加入している人も、定められた範囲内でiDeCoにも加入できるようになっています。

「個人型確定拠出年金（iDeCo＝イデコ）」と「NISA」の違いは（図表4）のようになっています。

iDeCoを提供する金融機関（運営管理機関）は、元本確保型の定期預金や保険商品も積立商品として用意していますが、元本安全の運用は別に預貯金などで行いましょう。iDeCoでは投資信託での積立てのメリットを活かすべきです。

運用益が非課税になるだけでなく、所得税・住民税の節税もできるなど税制メリットは多いですが、積立てできる金額には加入者の属性によって制限があります。また、積立金は60歳以降でないと受取りできない制度になっているため、マイホーム購入資金などのライフプランには利用できないことに注意が必要です。

自由な資金プランに利用したい場合は、いつでも積立金の引き出しができる「NISA」が向いています。2024年に大きな改正があり、期間限定で終了予定だった制度がずっと使える恒久制度になりました。「成長投資枠」と「つみたて投資枠」の2つが併用して利用でき、年間投資限度額も合わせて360万円、トータルで1，800万円まで（成長投資枠のみだと1，200万円まで）と大幅に拡充されています。税制メリットは運用益非課税のみですが、非課税で運用できる期間が無期限となったので、ライフプランに合わせた中長期の資産形成の大きな助けとなるでしょう。

3 保険を上手に活用するには？

社会人になったら、「保険」に入るものと考えられがちです。営業の人から勧められて、インターネット経由で、保険ショップに出向くなど、加入の窓口はいろいろありますが、必要な保険に適切に加入しないと、家計にとって大きなムダになる場合があります。加入する・しないを合理的に判断するためにも、保険の特性について知っておきましょう。

●保険のメリット・デメリット

暮らしの中には様々な「経済的リスク（予想外の経済的損失を被るリスク）」があります。例えば、交通事故に遭う、大きな病気で入院する、自然災害に被災するなど。本人の死亡により家族の生活に支障が出たり、働けなくなって収入がダウンしたり、財産に損害が発生したりする経済的損失が想定できます。保険への加入は、これらの経済的リスクに備える有効な手段となります。自分にはどんな経済的リスクがあるのかを考えておきましょう。

保険の最大のメリットは、保険金支払いの対象となっている経済的リスクを被った場合、すでに契約した保険金額の備えが確保できることです。貯蓄で備えようとしたら、十分な金額の確保まで時間がかかります。

しかし、貯蓄の場合は貯まった金額の全てが自分のものですが、保険の場合は支払保険料が加入者全体の「助け合い」に使われます。保険金や給付金を受け取って助けられる可能性もありますが、無事に過ごす可能性のほうが確率的には高いことを勘案すれば、延々と助ける側に回って保険料を払い続けることにもなりかねません。自分がカバーしたいリスクに合致した保険商品に、適切な保障額で加入しなければ、保険料は基本的に掛け捨てとなります。「保険は貯蓄にもなる」との誤解も多いですが、保険と貯蓄の役割を分けるのが合理的な利用法です。

●すでに備わっている保障を知っておこう

保険に入る前に確認しておきたいのが、「すでに備わっている保障」です。ベースには国や自治体による「公的保障」があり、勤め先によってはその上乗せの「職場の保障」が充実している場合もあります。それらに不足する分を保険商品で補えばいいわけです。

「公的保障」の代表的なものには公的年金制度があります。大半の人が老齢年金として受け取ることになる公的年金ですが、それまでに障害状態になった場合は「障害年金」、死亡した場

図表5 すでに備わっている補償を確認

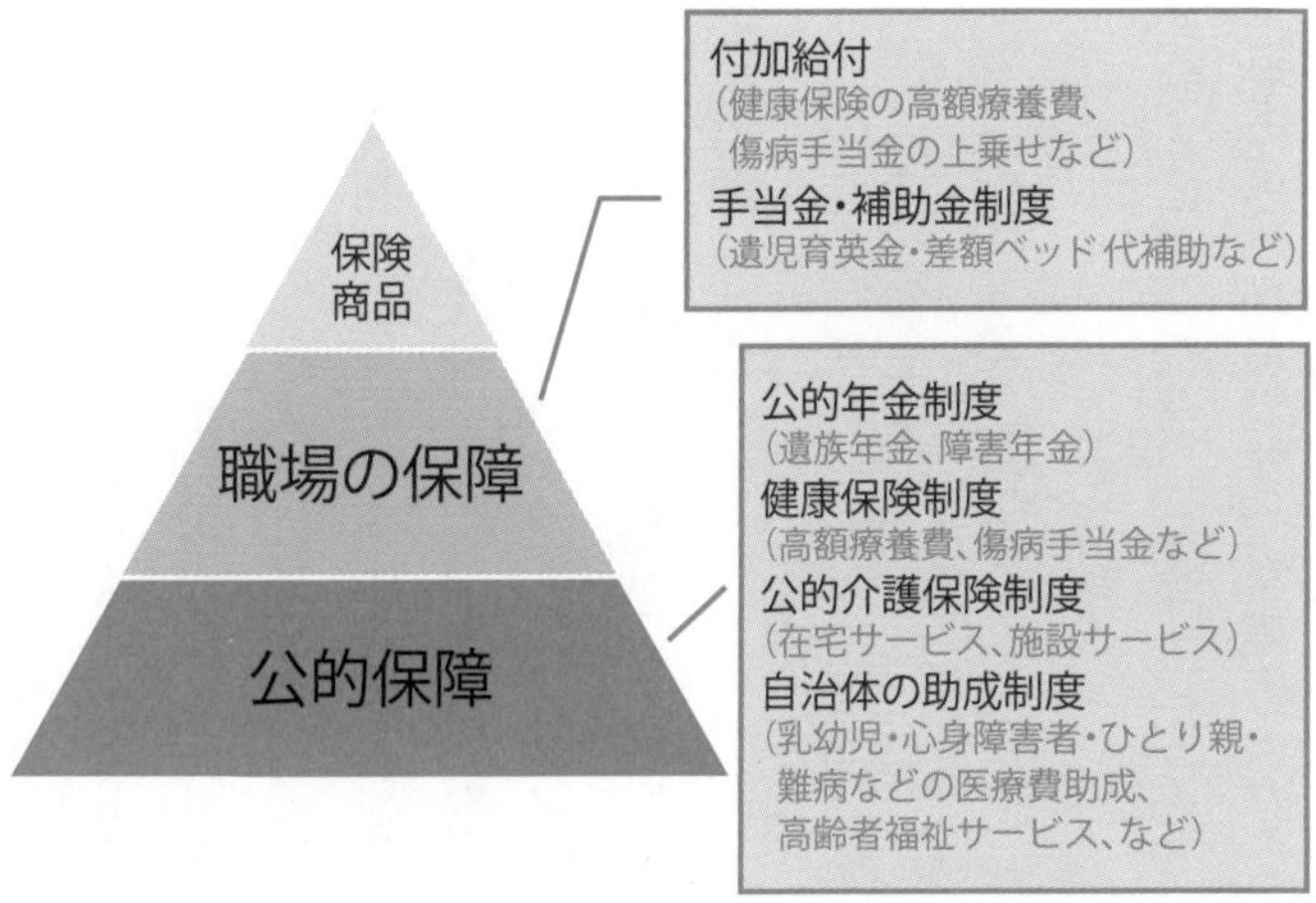

合は「遺族年金」と形を変えて機能します。生命保険の中心的な役割である遺された家族への「死亡保障」や、働けなくなった場合の収入保障にあたる「障害保障」についても、公的年金制度は担っているわけです。

将来結婚し、子どもが誕生して家族が増えた時には「死亡保障」の充実した生命保険への加入を検討することになるでしょう。その際には、「遺族年金」の見積もりを必ず行うようにしてください。

新社会人世代にも重要な「公的保障」としては、「健康保険（公的医療保険制度）」が挙げられます。保障の大きな柱は「医療保障」と「収入保障」。まず、「医療保障」ですが、入院や手術で医療費が高額になった場合には、自己負担額に上限が設けられている「高額療養費制度」を知っておきましょう。例えば、1か月（月初から月末まで）に100万円の医療費がかかったとしても、自己負担割合の3割の30万円が自己負担分になるわけではありません。年収により実質自己負担額はもっと下がり、年収約370万円までの場合は5万7,600円が上限となります。勤め先の健康保険制度によっては「付加給付」という上乗せの保障があり、さらに自己負担額上限が下がる場合もあります。自分の場合はどうかを確認しておきましょう。

「健康保険」には、病気やケガで療養しなければならない場合の「収入保障」となる「傷病手当金」もあります。3日以上連続して休んでいる場合に4日目から、通算で最長1年6か月間、欠勤した日数分、目安として収入の3分の2程度が受け取れます。勤め先によっては、給付額の上乗せや給付期間延長といった「付加給付」がある場合もあります。

もし、病気・ケガの原因が、仕事上の行為や仕事場の施設・設備の管理状況が原因の「業務災害」や、通勤途中の「通勤災害」だった場合には、勤め先が従業員のために加入する「労災保険」から「休業給付」が受けられます。給付額は目安として休業前の収入の8割程度、労働できるようになるまで給付される手厚い制度です。

このように、知っておくと暮らしに役立つお金の知識は色々あります。生活情報として関心を持ち、将来設計に役立てるようにしてください。

（あさだ・りか）

仕事

マナー

理論、ツール

ライフプラン

キャリア

トラブル予防（SNS／副業／著作権／LGBTQ）

メンタル、ストレス

（注）各分類内では、アイウエオ順に掲載。

改訂版　新入社員基礎講座

2023年12月13日　第１版　第１刷発行
2024年12月13日　第２版　第２刷発行

編　者　経営書院
発行者　平　　盛之

㈱産労総合研究所
出版部　経営書院

〒100-0014　東京都千代田区永田町1-11-1　三宅坂ビル
電話 03(5860)9799
https://www.e-sanro.net/

落丁・乱丁本はお取替えいたします。　印刷・製本　中和印刷株式会社

ISBN 978-4-86326-385-7